STRATEGY GROWTH COMPANY

戦略成長企業

経営ビジョン戦略
人材採用
育成戦略

2019年版

ジーアップキャリアセンター・
ブレインワークス 編著

カナリアコミュニケーションズ

まえがき

現在の日本経済において、成長を続ける企業の過程にはそれぞれの特徴があります。

本書は、各業界で躍進を続けている各企業を深く知るために、経営者の方々に、「なぜ成長を続けられるのか？」「その成長の秘訣はどこにあるのか？」といった疑問にお答えいただき、積極果敢にチャレンジする企業の魅力を余すところなくご紹介していきます。

ネットの情報ではなく、インタビュアーが各企業のトップインタビューで生の声を聞き、企業理念、行動指針、スピリットなどに基づく独自の考え方、経営戦略、人材採用、育成戦略、社員に対する思いと福利厚生の施策などをお伝えいたします。

これからの日本をになう若いみなさま、就職を希望する学生の方、社会人の方にお届けする企業情報です。

２０１８年９月20日

ジーアップキャリアセンター

ブレインワークス

目次

まえがき …… 002

第1章 躍進する大学インタビュー

創立120年を超える伝統を守りながら、時代に即した人材を輩出する名門女子大学
和洋女子大学 学長 岸田 宏司氏 …… 008

第2章 社会人基礎力講座
日本の企業構造――学生から社会人・ビジネスパーソンになるための必修目録

1 企業の組織構造 …… 026
2 企業の組織部門と仕事の内容 …… 028

第3章 成長する研究所・企業紹介

下町の精神が息づく総合電気屋さん
株式会社ヤザワコーポレーション 代表取締役社長　矢澤 英一氏 …… 044

「私に治させてください」。患者ファーストの医療人育成を目指す
米国財団法人野口医学研究所／一般社団法人野口医学研究所 創立者・名誉理事　浅野 嘉久氏 …… 060

マーケティングとシステムの融合を目指す
J－COO株式会社 代表取締役社長　安月 孝宏氏 …… 076

「お役立ち」の心で時代に適したソリューションを創り出す企業
株式会社カレントスペース 代表取締役社長　大西 宏良氏 …… 092

法律サービスのデジタル革命をリードする最先端企業
AOSリーガルテック株式会社 代表取締役社長　佐々木 隆仁氏 …… 108

印刷を中心とするさまざまな事業で企業の業務を支援する会社
株式会社報宣印刷 代表取締役社長　田邉 均氏 …… 124

デジタルリスクを解決する社会インフラを創出
株式会社エルテス　代表取締役社長　菅原　貴弘氏 …… 140
Ｗｅｂの力で新たな労働力を創出し、より便利な世の中を目指す会社
株式会社うるる　代表取締役社長　星　知也氏 …… 156
「真の意味」で社会のニーズに応える企業
株式会社翔栄クリエイト　代表取締役　宇佐神　慎氏 …… 172
少数精鋭、領域を超えた感動を提供するコンサルティング企業へ
シスココンサルティング株式会社　代表取締役社長　大井　広行氏 …… 188
自社開発ソフトウェア「ＷＥＢＣＡＳ」で顧客企業のＥＣ売上アップに貢献
株式会社エイジア　代表取締役社長　美濃　和男氏 …… 204

第1章

躍進する大学インタビュー

創立120年を超える伝統を守りながら、時代に即した人材を輩出する名門女子大学

和洋女子大学

大学名	和洋女子大学
創立	明治30年（1897年）2月
所在地	千葉県市川市国府台2-3-1
学生数	2647名（2018年5月1日現在）
教員数	専任教員123名、非常勤教員150名（2018年5月1日現在）
学長	岸田　宏司
学部・学科	人文学部（国際学科、日本文学文化学科、心理学科、こども発達学科）／家政学部（服飾造形学科、健康栄養学科、家政福祉学科）／看護学部（看護学科）

TEL: 047-371-1111（大代表）
FAX: 047-371-1270
https://www.wayo.ac.jp/

5つの校舎と各施設で構成される国府台キャンパス

今回インタビューさせていただいた和洋女子大学 進路支援センター事務室　加藤菊江室長

和洋女子大学の教育理念は「女性の経済的・人間的自立」

加賀　最初に、和洋女子大学の学びの概要や成り立ちについてお聞かせください。

加藤　和洋女子大学の教育理念は「女性の経済的・人間的自立」です。本学はこれに基づいて、社会に役立つ人材の育成に力を入れています。それと同時に、学術研究の成果を上げ、社会的貢献を果たすことを目指しています。

創立は1897年（明治30年）。創設者である堀越千代が東京都麹町区飯田町、現在の千代田区富士見に前身となる和洋裁縫女学院を設立しました。この校舎が戦災により焼失し、現在地の

株式会社
ジーアップキャリアセンター
代表取締役　加賀博

▶インタビュアー・プロフィール
慶應義塾大学法学部卒業後、沖電気工業株式会社を経て、株式会社リクルートに入社。「とらばーゆ」の創刊事業など新規事業を手がけ、その後、独立する。企業の人事・組織開発のコンサルティングに携わる。40を超える大学・大学院でキャリア教育学の専任実績を持つ。年間約10,000人の学生を教えている。

千葉県市川市国府台に移転。１９４９年に本学が設置されました。
それ以来、「女性の自立」を基軸とする伝統を守りながら学生の教育に励み、２０１７年には創立１２０周年を迎えることとなりました。

加賀　地理的な特色はどういったものがありますか？

加藤　本学は地元、千葉県の企業との関わりに重点を置いています。地元農園の手伝いをしてその食材を使ったスイーツを開発したり、企業や地元広報誌・情報誌などへレシピを提供するなど地域活性化の役割も担っています。千葉県出身の学生が過半数を占めていることも本学の特徴でしょう。

また、本学は東京都江戸川区から程近く、都内との関わりも大切にしています。

昨年の2月には、東京都内の5大学の学生とともに、本学の学生もインターンシップに参加しました。都内の学生が持っている仕事に対する考え方に触れ、各業界の企業を訪問して、企業の仕組みや仕事ぶりを見ることも体験しました。学生たちはものすごく刺激を受けたようです。

全国的に学生の体験学習が少ないと言われている昨今ですが、本学では業界セミナーを活用した、わかりやすい体験的業界研究を数多く行っています。

チャレンジ精神を持つ学生が増えています

加賀　和洋女子大学の学生にはどのような特徴がありますか？

加藤　本学の学生は派手ではありませんが、上品で真面目と評価していただくことが多いです。企業からは「最後まで取り組む姿勢がすばらしい」とお褒めの言葉をよくいただきます。

近年は、そんな和洋らしさを残しつつも、学生がもとから備えている性格や考え方に変化が見えます。自分の考えや意志の強さを表に出す学生が増えてきました。以前は一般事務を希望する学生が多かったのですが、今は営業職といった職種を選ぶ学生が増加しています。たくましい女性が増えてきたとも言えるかもしれません。

また、視野を広く持った女性、特にチャレンジ精神を持つ女性が増えてきています。希望する企業があればどこへでも行く心意気で、総合職にも挑み、そして、実際に活躍している卒業生が多くなってきました。

不動産やディーラーなどの業種を希望する学生も増加しています。学生側から「給与が高いから志望した」という理由を聞くこともありますが、企業側からの「女性視点のきめ細やかな対応で顧客満足度が高まる」というニーズが高くなっている結果でもあるのでしょう。

また、長期的に働きたいという学生が多くなっています。彼女たちがライフプランを考えたときに望むのは、福利厚生が充実し、育児をサポートしてくれる企業です。アメリカの優良企業のように、女性が継続的に長く働けて、復職しやすい環境や制度づくりに熱心に取り組んでいる就職先を求めているようです。

彼女たちは家庭を持ち、子どもが生まれても、より安心して生活できる保障を求めています。そのため、「夫婦ともに働く」という考えを持っているのです。

ビジネススキルを身につけることを重点に取り組んでいます

加賀 時代に即した未来を見据えた学生たちが増えてきたということですね。そういった学生たちに向けて、どういった教育指導を行われているのですか？

加藤 先行きが不安なときこそ、資格やスキルは大いに役立つと私たちは考えています。

まず、社会で役立つ実用的な資格の取得を大学全体で支援しています。たとえば、秘書検定やリテールマーケティング（販売士）検定、ファイナンシャルプランニング技能士といったものです。それらの取得を支援するために、チューター制度をはじめとした、さま

和洋女子大学の学部・学科

- 和洋女子大学
  - 人文学部
    - 国際学科
    - 日本文学文化学科
    - 心理学科
    - こども発達学科
  - 家政学部
    - 服飾造形学科
    - 健康栄養学科
    - 家政福祉学科
  - 看護学部
    - 看護学科

ざまな制度の充実に取り組んでいます。

また今は、企業が新入社員を教育するためには多大な時間とコストがかかる時代です。大企業では研修期間を設けることができますが、中小企業は研修期間を設ける余裕がなくて苦労しているようです。このような時代では、大学でビジネスマナーといったスキルを習得した学生は非常に重宝され、大事にされます。

たとえば、ビジネスで使うような実用的なＰＣスキルは、一般的なＰＣ講座で学ぶことが難しいものです。そこで本学では、それらの情報通信化に対応した教育環境を整備しています。ここで学んだ実用的なＰＣスキルが、就職活動の際に学生の強みになるはずです。

これら資格やスキルを獲得・習得することは、

自らが職を失くしたときや、配偶者が職を失ったときなど、不安に直面したときでも、家庭を支えられる機会を持つことにつながります。

ただ、こうした資格やスキルは持っていれば、それで十分ということはありません。それらを活用するためには、基礎となる社会的教養が必要になります。たとえば、経営や組織、仕事、働く者の権利といった教養を、キャリア教育として教えていくことも重要だと本学では考えており、学外から講師を招くなどして、重点的に取り組んでいます。

こうした取り組みはすでに実を結んでいて、昨年度の就職率は過去最高となりました。上場企業や上場関連企業、市や県の公務員、専門職などに就職した卒業生を数多く輩出することができました。

看護学部を新設、高い専門性とホスピタリティを大切にしています

加賀　新しく看護学部を開設されましたが、どのような特色があるのかお聞かせください。

加藤　はい。本学は今年4月に看護学部を新設しました。ここでは、高い専門性とホスピタリティを大切にすることを理念としています。これは、看護師の資格を取得したとしても、患者さんへの接し方がわからない人が多いという話に基づいています。

患者さんは具合が悪いところがあるから病院に来ていて、気持ち的にも非常に弱っています。そんな状態であるからこそ、看護師が優しく声をかけることが重要なのです。元気付けることができますし、それが患者さんの救いにもなるでしょう。そのようなスキルを持った人材は、今、いろいろな職場で求められています。

そして、このような声かけをはじめとする言葉の力は、看護の現場だけに留まらないと私たちは考えています。どのような職場でも、正しい言葉遣いをしているだけで同僚へよい影響を与えます。そして、職場全体がよい方向へ変わっていくのです。

たとえば、厭な思いをしたとき、本来は自分からそのことを伝えるべきですが、それがなかなかできないのも現実です。無関心が日常になって、それに慣れていってしまいます。そうなると改善が行われません。そんな閉塞的な状況を好転させる方法が挨拶や声かけです。関心を持っていると相手に示すことで相談されやすい環境を作ることができ、改善へとつなげられます。

学生にはそのような、人として大切な基盤となる『人間力』をまず吸収し、理解することが大事だと教えています。そのうえで、専門的な能力やスキルを身に付けることが大切だと話しています。

このことは、学生だけでなく、本学の教員、事務職員、守衛、清掃担当者など、施設に携わるすべての人に伝えています。彼らも本学の顔であって、彼らの挨拶ひとつで和洋女子大学がどのような学校なのか実態が伝わるからです。

教職員が心を開いて学生と対話していくことを大切にしています

加賀　これからの大学教育はどのようなものになるでしょうか？

加藤　世間でも話題になっているパワハラ（パワー・ハラスメント）の問題をはじめとして、学生の教育や指導は昔よりも難しくなっています。しかし、どのような時代であろうとも、まず教職員自らが心を開いて学生の話を聞くことが大切です。そうすることで学生たちも心を開いてくれます。心を開いた学生は、身だしなみや言葉遣いについて指摘しても素直に受け入れてくれますし、顔の表情も非常に穏やかなものになります。

また、今の時代は結果を出した人を評価する成果主義の傾向が強いです。これは教育現場だけでなくどこの職場でもそうだと思いますが、成果をちゃんと評価できる制度を整えることがモチベーションの維持につながります。本学でも、教職員が学生に期待し、評価を与えることが大事だと考えています。

教育支援では大学職員と教員が、学生本人と情報を共有しています。職員と教員は、心を開いて対話し、的確に評価して、学生たちの目線に立つことが大事です。本学の学生数は1学年600名ほどなので、これが実現できる恵まれた環境にあると言えます。教職員は、どの学生がどの企業を希望しているのかをしっかり把握でき、それをもとに最適な就職支援をすることが可能なのです。

そして、就職活動をはじめる学生には、「企業に属したら、あなたたちが変わらないといけない。そのために必要なことは、言葉として自分の気持ちや考えを外に出していくこと」と伝えています。なりたい自分はたくさんあっても、そこから選択していくということを学生に気付かせる場が大学なのだと考えています。これは、限られた時間でできることを精一杯やるということを教えることでもあります。

加賀　最後に、保護者や企業に向けてメッセージはありますか？

加藤　では、まずは保護者の方に向けて。

近年は、指導に時間がかかる学生が増えてきたように思います。しかし、それを面倒と考えずに、やるべきことをしっかり指導すれば、うまくできるようになる学生ばかりです。保護者の方々も私たちと一緒に、育成に協力していただきたいです。理解するのに時間がかかることもありますが、学習の目的をしっかり教えることで、学生たちもそれが人生の役に立つとわかってくれます。そして、保護者の方も一緒に学ぶことを大切にしてほしいと思います。

また、就職活動にあたっては学生と一緒になって企業研究をしてください。保護者の方々の時代とは、一流とされる企業も、好まれる業種も変化しています。そして、学生が頑張って内定を勝ち取ってきたならば、どうぞ、それを高く評価してあげてください。

そして、ともに喜んであげてください。

最後に、企業の方へ向けてのメッセージ、というよりもお願いです。企業説明会の際には、学生たちには企業自体の説明だけでなく、「こういう人材を必要としていて、将来はこのような人材になってほしい。そして、企業側もこういうふうに成長していきたい」ということをしっかり伝えていただきたいです。そうすれば、学生本人のモチベーションが上がって頑張ることができますし、しっかりとした人材に育ってくれると思います。

そして、就職した社員には、他企業の社員と交流する機会を設けていただきたいのです。それぞれの企業同士の交流でお互いのよさを話し合い、情報を深めて、交換することができます。ほかの企業を知ることで、自社の企業のよさもわかりますし、愛情も湧いてくるでしょう。そして、「あらためて頑張ろう」と心に誓い直す、よい機会になると思うのです。

看護学部の実習設備を有した新校舎『さとみ館』

緑にあふれる落ち着いた雰囲気の国府台キャンパス

大学の教育理念

■女性の経済的·人間的自立

建学の精神

■この法人は、教育基本法及び学校教育法に従い、教育施設を設置経営することを目的とする。「女性の経済的·人間的自立を図る」という建学の精神に基づき、有為な社会人を育成する。
さらに、学術研究の成果をあげ、社会的貢献を図る。
(和洋学園事業報告書 I-1より)

和洋女子大学

第2章

社会人基礎力講座

日本の企業構造

学生から社会人・ビジネスパーソンになるための必修目録

1 企業の組織構造

(1) 経営理念の重要性

経営理念とは、会社がなんのために誰のために何をするのか、社会に対する存在目的を明確にしたもの、会社の憲法のようなものです。つまり社長から従業員一人ひとりに至るまでこの経営理念をよく理解し、守り、実行していかなければならない経営活動の中心であり、モノサシとなるものです。

現在はめまぐるしく経営環境が変化し、競争は国内企業のみならず海外企業とも行わなくてはならない厳しい状況です。経営環境の変化に絶えず適応し、生き残っていくために企業は変化していかなければなりません。そこで経営理念の普遍性を守りながら、存在適応することが重要となります。この経営理念に基づいて経営戦略・事業計画が立案され、実行され、企業経営されているのです。

(2) 株主総会の役割

株式会社の意思決定機関で、株主によって構成され、株主はその持ち株数に応じた議決権を持ちます。常置の期間ではなく、決算期ごとに召集される定時総会と、随時に召集される臨時総会とがあり、大きく分けて4つの事項を決定します。

① 会社の定款変更、解散、資本の減少、会社の合弁、分割、株式の交換や移転など
② 決算報告の承認・利益配分案など
③ 取締役や監査役の選任、解任など
④ 取締役や監査役の報酬決定など

(3) 取締役会の役割

取締役会は、経営の最高意思決定機関である株主総会で選任された、取締役と監査役で構成され、次の役割を担います。

① 業務執行の最高意思決定機関として業務執行の決定

②　代表取締役の選任・解任、株主総会の招集

③　取締役の職務執行監督

④　株主配当額の決定、新株社債・転換社債の発行の決定

なお新会社法では、株式譲渡制限会社は取締役会を設置しなくてもよくなりました。この場合は代表取締役の選任も不要ですが、取締役が複数いる場合は、業務執行の意思決定には過半数の取締役の賛成が必要となります。さらに、取締役は1名でもよく、任期も原則2年ですが10年まで延長できます。上場企業では従来通り、取締役は3名以上で任期も2年です。また監査は、決算内容に対する会計監査と、業務執行に対しての業務監査が必要になり、監査役の重要性が増大しています。

2　企業の組織部門と仕事の内容

会社を理解する場合、まずどんな内容の仕事業務があり、またどんな組織形態で責任と

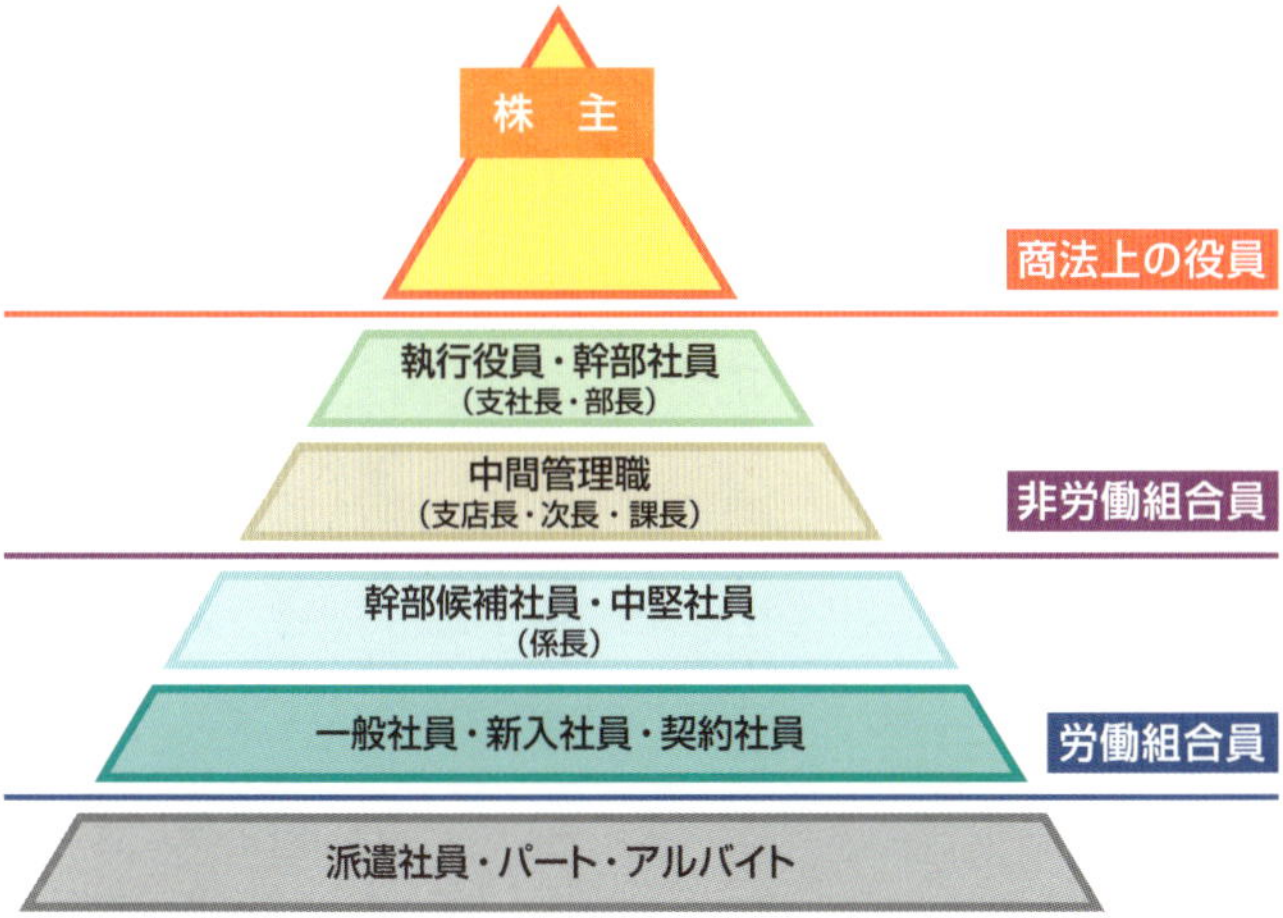

企業組織の階層例

権限が存在し、実行されているのかを理解する必要があります。中小企業でも規模の大小の違いはありますが、同じような考え方で組織が運営されています。

会社では、取締役会で経営の基本的な方針や重要項目が議論され、決定されます。そして、経営の結果責任を負うことになります。取締役会は複数の取締役で構成され、その代表者が代表取締役社長で、最終的な権限と責任を負うことになっています。

つまり、最高経営責任者というわけです。取締役副社長は、社長が事故や病気などで責任を果たせない場合に代行します。専務取締役や常務取締役は、複数の事業部や、社長の権限や責任の一部を担う役割があります。取締役は各事業部の運営、業績などの最終責任を担います。取締役の権限、責任のもとに各部門が置かれ、その長として執行役員や部長が存在します。取締役が部長を兼任する場合もありますが、執行役員は取締役ではなく企業の制度上の役職です。

各部門長の下にはそれぞれの課が置かれ、課の総合として部が形成されています。課長は課の運営の権限と責任を担い、具体的な業務責任を果たすことになります。

いずれにしても会社の規模や社員数により、統制の権限規則に基づいて、部や課・係が置かれ、権限・責任の範囲が決められています。

会社の主な組織部門と業務の内容は企業によって異なりますが、およそ次のようなものがあります。

経営企画部	・長期経営計画管理 ・中期経営計画管理 ・経営戦略立案 ・新規事業開発 ・新組織開発 その他	**製造部**	・製品製造 ・部品製造 ・工場管理 ・工程管理 ・品質管理 ・原価管理 その他
財務部	・資産管理 ・債権管理 ・キャッシュフロー管理 ・銀行取引管理 その他	**研究開発部**	・新製品開発 ・新部品開発 ・新素材開発 ・既存製品改良 ・製品製造方法の開発 ・特許管理 その他
経理部	・入金管理 ・支払管理 ・現金管理 ・手形管理 ・売上管理 ・経理伝票処理 ・経営情報管理 その他	**仕入部**	・外注開発 ・外注管理 ・部品購入 ・素材購入 ・在庫管理 ・購入先管理 その他
総務・人事部	・庶務 ・人事採用 ・人事管理 ・給与管理 ・社会保険処理 ・諸規定管理 その他	**店舗運営部**	・店舗管理 ・商品管理 ・商品在庫管理 ・顧客管理 ・クレーム管理 その他
情報システム部	・人事情報管理 ・取引先情報管理 ・仕入先情報管理 ・製品情報管理 ・在庫情報管理 ・販売情報管理 ・新製品情報管理 ・商品情報管理 ・経営情報管理 その他	**営業・販売部**	・既存顧客営業 ・新規顧客営業 ・顧客管理 ・クレーム処理 ・売上管理 ・得意先管理 ・消耗品管理 ・販売促進管理 その他

企業の部門別仕事の事例

■管理スタッフ部門

①　経営企画部

経営企画部は、主に会社の将来のことを考え、経営環境や経済・市場環境を予測分析し、経営理念を鑑み、経営戦略と計画を立案する部門です。主な業務内容は、

・長期・中期経営計画の立案と管理
・経営戦略立案
・新規事業開発
・組織開発

など、将来を決定づける戦略・計画を立案し、管理する部署です。

②　経理・財務部

経理・財務は、会社の売り上げや支払いに対する、すべてのお金の出入りを管理している部門です。つまり、営業や店舗での販売で売り上げが上がると、お金の入金を正確に管理し、また会社に必要な仕入れや経費についての支払いを確実に行い、お金の流れを管理し、必要な場合には銀行から借り入れるなど資金に不足がないよう経営をサポートする業務で

す。主な業務内容は、

・入金管理……営業や店舗での売り上げおよび売掛金の入金確認、現金入金確認、管理・記帳
・支払管理……仕入先などに対しての買掛金の期日支払い、従業員給与支払い手続き、管理・記帳
・現金管理……小口現金などのお金の出入金管理・記帳
・手形管理……売掛金・買掛金に対する手形発行、受取手形期日管理・手形割引
・キャッシュフロー（資金繰り）管理……売掛金・買掛金の入出金の調整
・銀行管理……運転資金などの資金調達が必要な場合のためのパイプや経済情報入手元
・経理情報管理……自社の財務状況などの機密事項の管理
・資産管理……固定資産・長期預金などの効率的運用・メンテナンス
・債権管理……売掛金回収不能にならないよう与信管理など
・債務管理……買掛金・借入金など支払金の調整

と、以上に伴う事務処理と管理などがあります。

③　総務・人事部

総務人事部は従業員に関する採用・教育・昇格・異動・給与・賞与・社会保険・諸規定など、人に関する業務を管理し、働きやすい環境をサポートする業務です。主な業務内容は、

・人材の採用……………新卒・中途などの人材確保
・人材の教育……………新入社員・中堅社員・管理職・幹部社員などの階層別教育、営業など専門教育の実施
・人事管理………………適材適所による効率のよい組織運営管理
・給与管理………………給与計算・支払い管理
・社会保険処理…………社会保険事務所への出入退届け出処理・入退職に伴う説明
・諸規定管理……………社内規定による人材・資産管理
・庶務……………………事務用品・受発信・催事・その他の計画・管理

などがあります。

④　情報システム部

情報システム部はコンピューターを活用し、社内LANなど会社のすべての部門の経営に必要な情報を一括して管理し、必要なタイミングで各経営層（トップマネジメント）や管理層（ミドルマネジメント）、また場合によっては、各業務担当者へ必要情報を提供し、会社全体をサポートする部門です。主な業務内容は、

・人事情報管理………人事からの従業員に関する情報管理
・経理・財務情報管理………経理・財務からの請求・支払いに関する情報管理
・売り上げ情報管理………営業・店舗からの売り上げに関する情報管理
・取引先情報管理………販売先・仕入れ先など取引先に関する情報管理
・仕入れ情報管理………部品・商品・消耗品など購買や庶務からの仕入れ情報管理
・在庫情報管理………製造部・店舗などからの製品・商品在庫状況の情報管理
・顧客情報管理………既存客・見込み客などの地域性・取引高ランキングなどによる種別情報管理
・製品情報管理………新製品情報・製品特性・不具合・欠品情報など製品に関する情報管理
・商品情報管理………新商品情報・商品特性・不具合・欠品情報など商品に関する情報管理
・店舗情報管理………各店別売上・人員配置・催事など各店舗運営に関する情報管理

・経営情報管理……市場動向・同業他社動向・M&A情報・倒産情報などの管理

などがあります。

⑤ 研究開発部

研究開発部は、新製品や新商品を開発するために必要な市場調査・顧客調査を実行、分析し、新たな素材、部品、製造工程および原価についても研究し、市場やお客様に支持される製品・商品を研究開発する部門です。主な業務内容は、

・新製品開発……既存技術・新技術などを組み合わせた新製品開発
・新商品開発……製品を商品化するために市場ニーズに適合させた新商品開発
・新部品開発……既存の部品の素材や原材料のリノベーション・リニューアルなどにより開発
・新素材開発……既存の素材から新たに転用したり、別の素材を流用することなどから開発
・既存製品改良……コスト面・市場ニーズなどに適合できるようマイナーチェンジやリニューアル

・新製法の開発……コストダウンを目的に原材料・製造工程の見直しなど
・特許管理…………特許の作成、申請、他社特許に抵触していないか、他社が抵触していないかなどの管理

などがあります。

■ライン部門

① 製造部

製造部は、自社の製品や部品を製造ラインで製造し、品質管理・原価管理を行い、良質で生産性の高い製品を生み出す部門です。主な業務内容は、

・製品製造…………製造ラインを組み、原材料を投入し製品を生み出す（付加価値がつく）
・部品製造…………製品製造に必要な部品を製造する
・工場管理…………安全衛生管理・労働災害管理を目的に生産性を上げるために行うさまざまな管理
・品質管理…………製品にばらつきや不具合が起きないよう一定の品質を保つための管理

・原価管理……製品ごとに原価計算を行い当初設定の原価範囲で製造されているか、コスト計算管理
・生産性管理……原材料・労働力・工場設備など投下資本に対し、生み出された付加価値率の管理

などがあります。

② 仕入部（購買部）

仕入部は、自社の製品・商品に必要な部品・材料の仕入れまたは外注先の開発管理を行います。主な業務内容は、

・部品購入……自社製品の製造に必要な部品の最適調達
・材料購入……自社製品の製造に必要な原材料の最適調達
・外注先開発……自社製品の製造に必要な工程の一部を外部に委託製造させるなどする取引先の開拓
・外注先管理……委託製造先の財務状況・経営状況などを把握し、問題発生時に対応できるよう管理

・部品・材料在庫管理……自社製品の製造に必要な部品・原材料の在庫管理
・仕入れ先管理……部品・原材料が止まると自社ラインも止まるため資材の安定供給管理
などがあります。

③ 営業販売部
営業販売部は、新規顧客の開発および既存顧客に対し、自社の製品・商品を営業し販売する部門です。主な業務内容は、
・新規顧客開拓……今まで取引実績のない新規顧客を探し新規取引先とするための営業活動
・既存顧客営業……過去に取引実績があり定期・不定期に取引が継続発生する顧客への販売活動
・クレーム管理……自社の製品・商品の不具合情報への対応・代替処理
・顧客管理……既存客の既存取引高などと新規見込み客を含んだ情報・データ管理
・得意先管理……過去の取引実績などに基づく上位ランク顧客に対する取扱管理
・販売促進管理……販売を促進するために行う広告宣伝やプロモーションの計画管理

・売り上げ管理……毎月・毎年の売り上げ目標に対する進捗度や実績管理
・消耗品管理……サンプルやＰＯＰ、販促物、事務用品などの管理
などがあります。

④ 店舗運営部

店舗運営部は、店舗でお客様に提案サービスを行い自社商品の販売をする部門です。主な業務内容は、

・店舗管理……店舗外観から店内、バックヤードに至るすべての設備・機械・備品・従業員の仕事管理
・商品管理……取扱商品項目の決定や売り場構成・原価粗利管理・売価設定
・商品在庫管理……販売機会損失を最低限に抑えるための適正在庫と不良在庫など消費期限管理
・顧客管理……ポイントカードなどによる顧客属性把握とプロモーションキャンペーンなどの計画実施
・クレーム管理……商品・売り場・従業員への不具合・クレームへの対応・代替処理

・消耗品管理…………ユニフォーム、パッケージ、事務用品などの管理
・店舗仕入れ管理……POS活用による自動発注とマンパワーによる手動発注の適正化・商品検品
・アルバイト・パートタイマー管理………人員適正配置のためのシフト調整管理
などがあります。

71.0473
29.4597
33.5098

第3章

成長する研究所・企業紹介

下町の精神が息づく
総合電気屋さん

株式会社ヤザワコーポレーション

会社名	株式会社ヤザワコーポレーション
設立	1981年6月
本社	東京都台東区上野1-19-10 上野広小路会館8F・9F
資本金	9,000万円
従業員数	318名
代表取締役社長	矢澤　英一
事業内容	家電コモディティー商品製造・販売／電気設備の総合メンテナンスサービス／店舗トータルメンテナンス／OEM事業／コストコンサルティング／AI通信事業

TEL：03-5807-2056
FAX：03-5812-0756
http://www.yazawa.co.jp/

株式会社ヤザワコーポレーション 代表取締役社長 矢澤 英一氏

がむしゃらに仕事と向き合う日々

株式会社ヤザワコーポレーションは、1976年、三ノ輪にて創業し、1981年に株式会社として設立した。電気小物を扱う小さな問屋から始まり、今では『でんき』に関わることから、顧客のいろいろな悩みに応えていく総合的な電気屋へと推移していった企業だ。

矢澤英一社長は当代で2代目。2006年に父から引き継ぎ、300名以上いる従業員と共に『でんき』について日々考えている。

起業から40年以上経っているが、老舗とはいえないと矢澤社長。電気屋としては最後発としての出発。市場をある程度押さえられていた劣勢からのスタートは、食べていくためにできることをやり続けるしかない、がむしゃらに仕事と向き合う日々だったという。

顧客の要望には必ず応え、昔ながらの御用聞きのようなスタンスは、今では廃れてしまった町の電気屋さんのようである。

大手の家電量販店がチェーン展開し、小さな電気屋が少なくなっていった現代、寄り添って考えてくれる電機企業は少なくなった。販売後のアフターサービスは形式的になり、義

LED設置作業だけでなくでんき屋としてできる総合御用聞きに徹する

理や人情の柔らかな雰囲気はそこにない。そうした現代的な風潮に目をつけ、さらにはそうならざるを得なかった最後発の経歴が、今の株式会社ヤザワコーポレーションをつくり上げている。

新規事業の発起と現状への危機感

新規事業は次々に立ち上げるが、同時に古い事業は閉鎖していく。社内に新たな風を吹き込むための換気と模索というのが正しいだろうか。

東日本大震災から瞬く間に普及したＬＥＤにより、電球という主力商品の販売減に陥った。

当時、電球販売の構成比が高かった株式会社ヤザワコーポレーションは、数年単位で切れないLEDによって大幅な事業の転換を迫られたことになる。

打開するために、LEDの販売に着手。しかし、矢澤社長はそれだけでなく、顧客に対して、照明だけでなく、でんき屋としてできる総合御用聞き企業にシフトしたのである。

基本的にB to B（企業間取引）、店舗がマーケットとなるので、セグメントを1つつくり、主軸を販売から多方向へシフトしていった。ネット事業部はその一面といってもいい。

10年ほど前、B to Bの工事業者向けサイトを立ち上げたのである。約13万アイテム以上ある電材はほとんどが業者向けであり、大衆向けではない。当社のブランド約3000アイテムだけでなく、多くは『でんき事業』で仕入れた他社の製品が占めている。

顧客である電気工事屋は、値段よりも納期を重要視している。この業界は時間が惜しい。他の企業が明後日なら届けられるというものを1日で届ける。どこよりも使い勝手のいい場所であることを意識し、運営しているという。

こうした正面から向かうのではなく、それ以外の道を探し、利益やコスト問題を解決できる別の答えに辿り着く方法を取ったのである。

ただそれでも、矢澤社長は現状の事業に安心を得ず、常に危機感を持って取り組んでい

社員全員で始業前の職場を環境整備する

た。既存の事業のみで向こう3～5年と続けられるのか、伸びていけるのか。先行きがどれだけ明るかろうと、危機感は拭えないというのだ。

毎年、多ければ毎月のように商品やサービスは新展開を見せる。そうした競争に勝ち抜くために、既存事業への不信感を抱いた方がいいということだ。確かに事業は伸びていて、利益がよいのもある。だが、顧客がいつまでも利用し続けてくれる保証はない。市場は常に変動している。顧客ニーズに応えるためには、常にこちらも変わっていく他ないのである。

また、事業を次々と立ち上げるのは、社員の自主性を鍛えるためでもある。チャレンジ精神というと精神論じみているが、矢澤社長は従業員一人ひとりに自分で考えられる人間になってほしいという。

そうした考えは20年前、先代の時代から新年度になるたびに社員に渡される経営計画書に記されている。毎年内容を変えて、事業の在り方や中長期事業展開など、会社の基本的なことから、社会人としての基本を徹底的に押さえているのだ。ちゃんとした人間であってほしいとの願いが込められた——人間として成長できる一冊になっている。

問屋から総合的な電気屋へ

ＬＥＤの登場によって大幅な事業改革を行った株式会社ヤザワコーポレーションは、より総合的に事業を担うようになっていく。

商品開発部にてヤザワブランドはつくり続けているが、あくまでもお客様のご要望に合った商品を揃える事を第一に置き、自社のみにこだわらず、仕入れ商品も強化している。

ただ、そうしたモノに関わる事業のみならず、ＥＢＬサービス——工事事業にも力を入れている。こちらは電気工事のみで、販売やコンサルティングなどとは一線を画している。

照明はデザインによって室内の雰囲気を変えてくれる

全国チェーンを展開する大手企業のほとんどの口座を株式会社ヤザワコーポレーションは持っている。しかしながら、北から南、小さな国土とはいえ、一企業だけですべてに対応はできない。そのため、矢澤社長は800社以上の電気工事ネットワークをつくった。パートナー企業は財産である。

チェーン展開する企業との提携を多く持つことにより、やはりサービスや作業に注力する場面は多くなった。古くから提携する企業は、照明だけでは前述したようにLEDによって販売面は落ち着いてしまったのはいうまでもない。そのため、電気工事やその他工事事業面においては、選択の道があると睨んだのだ。

昔ながらの町の電気屋がそうであったよう

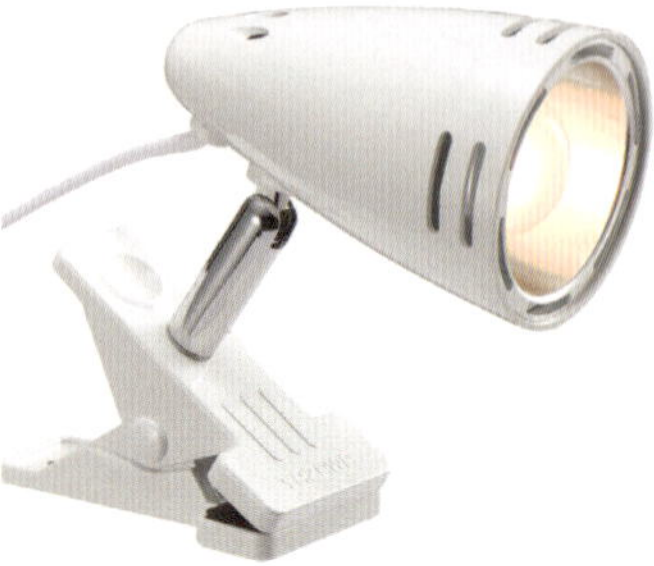

用途に応じた使い分けのできる照明器具

に、顧客の御用聞きはずっと続けている。困っていることはないか？　悩みはないか？　と問えば小さなことでも返ってくる。電気屋が請け負える以上のことも返ってくるときがあるが、それでも応えるのだという。

不特定多数のお客様に買ってもらえるものをつくるのは難しいが、株式会社ヤザワコーポレーションにしかできないこと、特殊なものをつくってほしいんだよという声は、たとえ手間がかかってもやり遂げたいという。

お客様の要望を聞ける——電気屋でありながら、多様なソリューションを持つ何でも屋というのが正しいように感じる。

大手は人がいない業界が多い。コンビニや小売店は従業員不足が問題視されている。インバウンドによって得られる外国人労働者はそうした部分に充てられるが、企業の根幹、店舗開発部などに人を裂く余裕はないところばかりだ。株式会社ヤザワコーポレーションは人員の不足を、システムを使って補うアウトソーシングサービスも展開している。

修繕の履歴を取り、データ管理を自社で行い整理することで、適宜最適な形や企画を提案するのである。

人を使い、企画をつくる。アフターケアも十全に。今後、日本は人口が減少する。高齢化の影響もあって、若い労働人口は減っていくだろう。そうした変化に適応していくためには、側面の幅を広げていくことも重要だ。

企業理念は『幸福循環企業』

企業理念として掲げるのは、『幸福循環企業』である。社員はお客様第一主義、会社は社員第一主義、一方通行の愛、片想いで続く形を言葉に表したものである。

顧客を満足させる社員を幸せにするのは、会社の役目である。そうした循環を無視してしまえば、長く働いてもらうことはできない。

社員には、資格を取ることを薦めている。会社につく資格ではなく、個人が取得するものであり、費用の負担は会社が持つ。

株式会社ヤザワコーポレーションでは、3年ごとにジョブローテーションがあるが、各事業部で必要な資格は違う。元いた部署で使わなかった資格も、次の部署では必要になるかもしれない。そうした必要な資格を持つ社員には、資格手当も与えられる。

ジョブローテーションの意義は、社員に単能工ではなく、多能工になってほしいという願いが込められている。サッカーでたとえるなら、フォワードやミッドフィールダー、ディフェンダーなどの各ポジションをこなせるオールラウンドプレイヤーになってほしいということだ。

しかしながら、キーパーや司令塔に関しては、専門職としての扱いが望ましい。経理などが該当するだろう。こちらはこちらで、専門の学習を行ってほしいという。

ヤザワコーポレーションはお客様の要望を聞ける、電気屋でありながら
多様なソリューションを持つなんでも屋になる

一緒に働きたいと思ってもらうために

株式会社ヤザワコーポレーションでは、教育にも力を入れている。先に述べた経営計画書は新卒採用者に好評を得ているようだ。会社だけでなく、社会人としての基本が網羅されているこれは、一種の指南書ともいうべきものだろう。

ここで述べられている採用について簡単にまとめると、素直でやる気のある人間を企業は求めているということだ。

もちろん能力は大切だ。しかし、考え方、素直さはもっと大切だという。株式会社ヤザワコーポレーションは義理堅く、真面目な企業である。社員にはちゃんとした人間であってほしいとい

産休育休制度の利用者はほぼ100%。女性も働き続けやすい環境です

う矢澤社長は、会社の文化を理解してくれる人材を求めていた。

会社の理念や文化は、生き方に似ている。人生の在り方を定義づけたようなものだろう。人の性格は一長一短で変わるものではないし、会社に勤めてから教育して捻じ曲げるのは違う。それは洗脳であって、共感ではない。人の生き方を否定することに他ならないのである。

ゆえに、会社の文化を無理なく理解してくれる人を優先的に採用している。

技術的には、新卒採用だと入社から3カ月間、いくつかある営業部をローテーションする研修で培ってもらう。お客様との接し方、営業のマナーなどを学ぶのである。同時に物流倉庫にも行ってもらい、ここでは商品と対面する。紙だけで得られる以上の情報を直に知ってもらうことで、物とお金の流れを把握してもらうのが狙いだ。また、新規、中途採用ともに外部研修も行っている。

中途採用に関しても新卒採用と似たような研修がある。物流倉庫での研修は、やはり実物の商品を把握してもらう面でも欠かせない。

ただ、専門職採用が多いため、専門性の高い分野を外部委託で学んでもらうことになっている。それ以外——前述した会社の文化、理念や理想などについては社長自らが教師となって社内研修にあたる。やる気や熱意は外部委託では伝えられないものだ。

採用に関しては男女を問わず、また外国人でも採用する。よい理解者であるなら、それがどんな人物でも受け入れる。

出世は男だけのものではない。女性がキャリアを積んでもいい。むしろ女性の方が優秀だと矢澤社長は語る。しかし、男性と違い結婚・出産などでライフスタイルが変わることもあるので、仕事の役割の分担はその都度相談しながら決めていくべきだろう。

同社では、年に1度社員の子どもたちが親の仕事を見学に来る「職場見学会」が行われる。この目的は、お子さんが親の仕事・社会への理解を深める機会を提供する、家族の理解・サポートに支えられた働きがいのある職場づくりのため、従業員のモチベーション向上のた

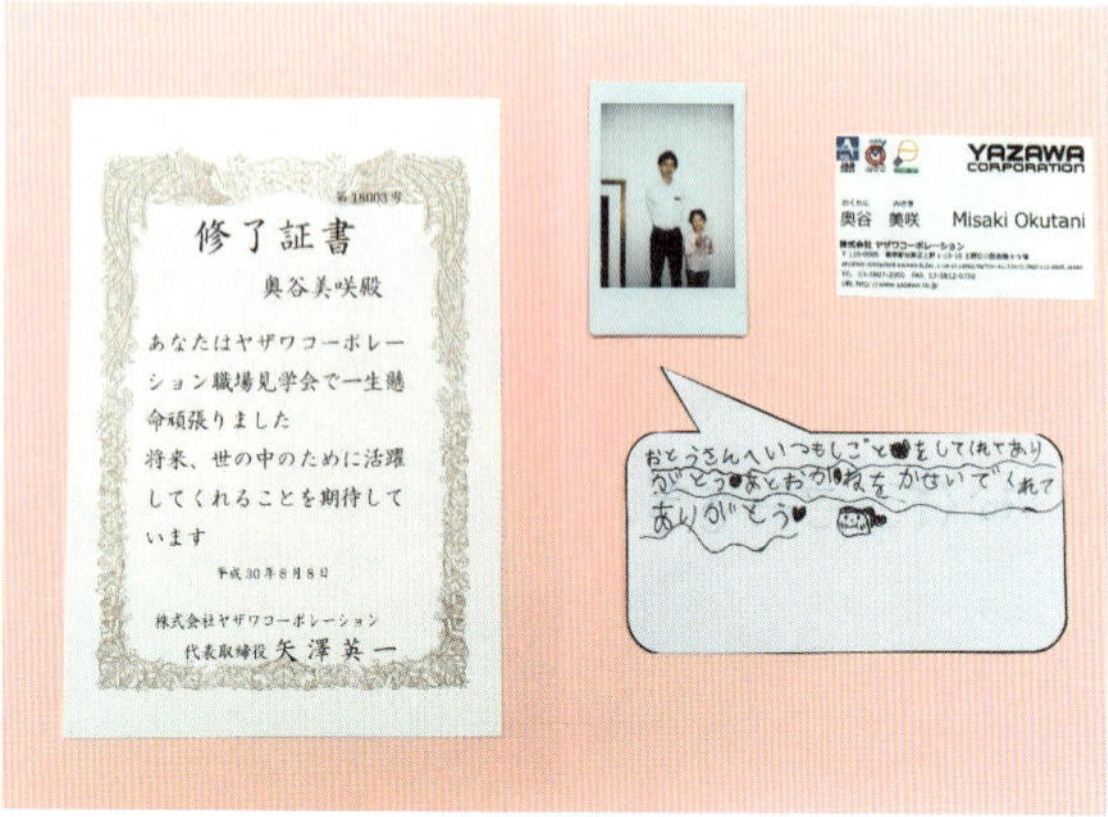

年に1度社員の子どもたちが親の仕事を見学に来る
「職場見学会」の修了証書

めである。子どもたちには職場見学会が終わると修了証が渡される。

最後に、AIから一番遠い仕事をする、と矢澤社長は語った。ホワイトカラーの仕事はAIに任せる時代の到来が近い。しかし、ブルーカラーはAIにこなせない。御用聞きなどもってのほかだ。人の気持ちを推し量ったり、忖度したりすることは機械にはできない。

誰でもできて、時代にできないこと。細い糸口の隙間を縫うように、矢澤社長はまた新たな事業の準備を進めている。

会社の理念

■ 幸福循環企業

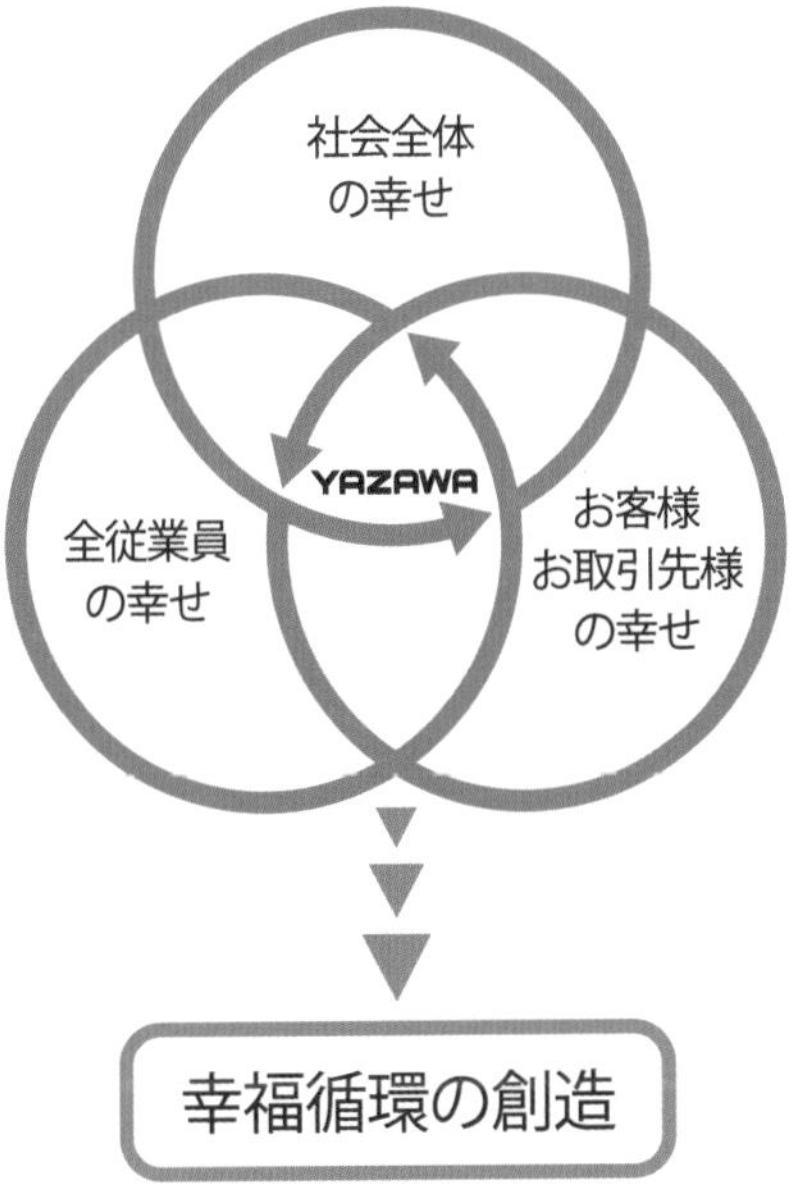

「私に治させてください」。患者ファーストの医療人育成を目指す

米国財団法人 野口医学研究所
一般社団法人 野口医学研究所

会社名	米国財団法人 野口医学研究所 一般社団法人 野口医学研究所
設立	1983年 2010年2月4日
本社	東京都港区虎ノ門1-12-9 スズエ・アンド・スズエビル4階
従業員数	35名
創立者 名誉理事	浅野　嘉久
事業内容	医療健康サービス

TEL: 03-3501-0130
FAX: 03-3580-2490
http://www.noguchi-net.com/

米国財団法人野口医学研究所 創立者 名誉理事 浅野 嘉久氏

設立理念は第二、第三の野口英世を生み出すこと

野口英世の名前をいただく米国財団法人野口医学研究所は、２０１８年に設立35周年を迎えた。設立の目的は、野口英世の偉業を継承し、第二、第三の野口英世を育成することである。

野口英世は明治９年（１８７６年）福島県猪苗代の農家の長男として生まれた。１歳のとき囲炉裏で左手に大やけどをおったが、のちにこのやけどの手術を受けたことが医学の道に進むきっかけとなった。１８９６年医師の免許を取得、１８９８年伝染病研究所の助手になった。

このとき来日していたペンシルベニア大学医学部のフレキスナー博士と知遇をえたことから、１９００年12月、単独で渡米、博士のもとに駆け込むこととなる。24歳の、無一文、無名の英世だったが、医学を学ぼうとする情熱と意志は強靭なものだったと思われる。

博士の助手を皮切りに、不眠不休の努力を重ね、医学部助手、のちロックフェラー医学研究所助手につき、以後数々の細菌学の業績を積み重ね、ノーベル賞候補にも挙げられるほ

野口英世博士

どの世界的な細菌学者になったが、中南米やアフリカで流行していた黄熱病の病原菌をつきとめるために渡ったガーナで昭和3年（1928年）みずから黄熱病にかかり亡くなった。

こうした野口英世の医学にかける情熱や志、医学をもって人類の幸福に寄与するというミッションを継承していくこと、さらに若き頃の英世のように、米国で学びたいと望む若い医師や医学生を援助することを目的として、没後50数年後の1983年、財団法人野口医学研究所は誕生することとなった。

米国財団法人野口医学研究所の創立者である浅野嘉久名誉理事が設立に関わったきっかけは、浅野氏がまだ若いころ、東京大学医学部生化学（栄養学）教室の研究生のときにさかのぼる。

当時の指導教官が浅倉稔生《あさくらとしお》教授、（のちペンシルベニア大学医学部教授であり、米国財団法人野口医学研究所の創立者で初代理事長）との出会いだった。研究のかたわら浅倉教授から聞かされた、若き日の野口英世の研究にかける不屈な情熱に強く感銘を受けたのである。

その後、財団の発案者であり設立準備委員となっていた恩師浅倉教授との邂逅が浅野氏の人生を大きく変えることとなった。

設立準備委員会のメンバーには他に、文化勲章を受章され聖路加国際病院名誉院長として100歳をこえても現役で医師を続けられた故日野原重明博士、文化勲章受章者で国立がんセンター名誉総長の杉村隆博士、米国トーマス・ジェファーソン大学でThe Pope（法王）と慕われているジョセフ・S・ゴネラ氏など錚々たる方々が名を連ねた。

浅野氏もこの設立に加わり、日米間をたびたび往復し、ついに1983年5月、野口英世ゆかりの地である、フィラデルフィアのペンシルベニア大学隣接地に米国財団法人野口医学研究所が企画設立された。

日本の医療発展に貢献してきた日米医学交流

こうして財団は主に米国で医療を学ぼうとする医師や医学生と米国の病院との橋渡しをするプログラムを今日まで実施してきた。

現在、医師対象の「エクスターン研修」と「米国オブザベーション臨床研修」、学生用の「CSP・CREワークショップ」という臨床留学プログラムを実施している。

「エクスターン研修」は3～4週間の研修プログラムで、研修先は主にトーマス・ジェファーソン大学、ペンシルベニア大学、ハワイ大学の各関連病院である。

学生向け研修は1週間のプログラムで、大学の寮に滞在し現地の学生や医師らと交流しながら米国の医療の基本を学ぶ。

こうして財団設立以来続けてきた日米の医学交流は、日本の医療の発展・進歩に少なからぬ貢献を果たしてきたのである。

設立当時の日本の医療は米国に比べて大変遅れていたという。そこで日米両国の医師や医療関係者の交流を通じて、米国の最先端の医学・医術・医療を日本の若き医師たちに学んでもらうための留学プログラムをつくり、留学生に資金援助を行ってきた。

戦後、我が国が米国から学んだ医療知識・技術は大変大きなものだった。戦後ガリオア奨学金やフルブライト奨学金制度を利用して米国へ留学した若い日本の医師たちは、当時の優れた米国の基礎医学、臨床医学を学び、帰国後、各地の医科大学の指導者として、日本の医学の進歩に貢献してきたのである。そんな日米の医学交流の一翼を米国財団法人野口医学研究所は担ってきたのである。

医療技術の習得から医師の人格育成へ

設立当初は米国の進んだ臨床医学を学ぶことを主眼にして医学交流活動を行ってきたが、現在はさらなるステップへと進もうとしている。

米国の医学教育には「技術があるのは当たり前、育成すべきは医師の人格」という考え方がある。患者の心を理解し、その心に寄り添った治療にあたることが医師や医療チームの本来の仕事であるという考え方だ。専門的知識や技術を習得することは必須のことだが、それ以前に医師の人間性が問われている。

「今は、Humanity and empathy in medicineなんです」と浅野氏は語気を強めて語った。さらに「今の米国の現場では、医療人は患者さんに対して治させてください、という気持ちを持つことを教えています」と語った。

患者さんの痛みや苦しみを共に感じて「私に治させてください」という精神で患者さんに寄り添うことができる人材の育成が、現在、米国財団法人野口医学研究所が行っていることである。

チームワークが医療の基本

明治以降日本の医学と医療制度はドイツのそれをモデルにして構築されてきた歴史があった。ドイツをはじめとするヨーロッパ諸国では医師や薬剤師など医療従事者の専門性と独立性が重視され、役割分担が明確になされていた。この傾向は根強く日本の医療界に残り、とりわけ医師が絶大な権限をもつようになった。

しかしこうした医師のなかには専門的知識や技術を高めることばかりを優先し、患者の心や苦しみを理解して治療にあたることに程遠い人たちもみうけられるという。絶大な権限を持った医師のもとでは、医療チームとして看護師など医療の現場で働く方々が十分にその機能を発揮できないことも多い。

こうした日本の医療現場とは対照的に、米国では医師をふくめた医療従事者が対等の関係で存在してはじめて本当の医療が成り立つと考えられている。

米国の医療現場では、医師、看護師、薬剤師、ＲＴ（Respiratory Therapist）、管理栄養士、メディカル・ソーシャル・ワーカーの６つの機能が対等に存在して真の医療が成り立つと考えられているのだ。

ＲＴは日本ではまだない循環器と呼吸器の専門家だ。

メディカル・ソーシャル・ワーカーは、患者の生活環境や経済状況を把握し、その人にとって最も安心して掛かれる医療とはなにかを患者・病院・医療人とともに考える人である。

こうした６つの機能がひとつのチームになって、トータルで患者の生活と気持ちに即した治療行為をすることが求められる医療の姿であり、ただ手術を施す、投薬するといった即物的な行為は医療のあるべき姿ではない、と浅野氏はのべている。

アートと医療

優れた人格を有し、患者の生活全般に寄り添うトータルな医療システムに関与する「ジェネラリスト・ドクター」の育成を目指す教育プログラムを米国財団法人野口医学研究所は構築した。このプログラムによって、国籍・人種・学閥・門閥・閨閥にとらわれない、患者ファーストの医療をになう医師や医療従事者が輩出可能となった。

さらにこのステップを経て、今後目指すものが、人間の本来の性、健康、サイエンス（医療にかかわる知識・技術・システム）、アート（音楽、美術等により育成される感性）を融合させ、より高く充実した人間の〝生〟そのものを見つめる医療を実現するプログラムだ。

現在米国のトーマス・ジェファーソン大学と共同で開発を行っている。

人はただ単に病気や傷が治癒さえすれば幸せで心豊かに生きることができるのか、という根源的問いに答えようとする試みである。近年はＱＯＬ（Quality Of Life・生活の質）が重要視され、患者はどのような充実した人生をおくれるかが問われる時代になった。最後の一瞬まで、患者に生きる希望と素晴らしい暮らしをもたせてあげるそんな医療を提供できる医療界の実現がこのプログラムの目的である。

医療とアートの関係について浅野氏は次のようなエピソードを語ってくれた。

トーマス・ジェファーソン大学医学部の小児科教授であるチャールズ・ポール博士から「今度日本にいくので、そのとき美術館のトップを紹介してほしい」と依頼があった。

後に知ったことだが、トーマス・ジェファーソン大学医学部では人間の生活全般に寄り添う「ジェネラル」なトータル医療システムを、これからの医療の目指すべき姿であると考えていた。そして、この方針を背景にして、ポール博士は日頃から「小児科医はアートが必須である」と話されていた。

この意味について博士に尋ねると次のように説明されたという。

「アートはそれが印象派だろうがキュビズムだろうが関係はありません。どんなものであれ、そのアートに触れたとき、その作者がいかなる思想や理念、どんな心で作成したか、それを想像できる人が小児科の医師になることができるのです」

この話を聞いたとき、医療に対しての理念が変わったと、浅野氏は語った。

これから学ぶべきは最先端の医療技術や知識ではない。患者さんの病が何であれ、患者さんがどんな気持ちであるかを想像し、苦しみを理解し、患者さんに寄り添い、回復したなら一緒に喜びあえる、そんな医師を世に送り出すことこそ財団の使命ではないか、と思ったそうである。

それが浅野氏の掲げる理念、Humanity and empathy in medicineであり、「私に治させてください」という医療に対する望ましい基本姿勢である。今この実現にむけて着実にプログラムが進行している。

病を事前に防ぐ

ここで一般社団法人野口医学研究所についてふれておこう。

この組織は、米国財団法人野口医学研究所の理念の下、財団の活動を物心両面から支援している外郭団体である。米国財団法人野口医学研究所の活動は寄付に頼ることなく、外郭団体がその利益の大半を運営資金として提供することで成り立っている。

寄付金や国、自治体などの補助金に依存することがないため、独自の自由な活動ができるのである。

事業の内容は「医療・健康相談サービス＆コンサルテーション」や「美と健康に関わる製

品」の開発・製造・販売と、幅広い。サプリメントなどの健康食品、健康器具の安全性や有効性の審査・品質推奨認定なども実施している。

一般社団法人野口医学研究所の事業のミッションは、できるだけ人が病気にかからないようにするための貢献をすることだという。

浅野氏は医薬品とサプリメントの違いについてこう語っている。

「もともと医薬品は毒といってよい。例えばジキタリスはヒガンバナからとったエキスで、飲めば死に至る猛毒です。これを薄めることで心臓の薬にしています。一方、サプリメントはどれだけ飲んでもさほど副作用がない。これをコンスタントに服用していれば、はるかに病気にならないですむわけです」

一般社団法人野口医学研究所は「未病をコントロール」するための様々なサービス・製品に挑戦している。

浅野氏には「日本のメディチ家になって、未病をコントロールしたい」という思いがあるという。メディチ家の先祖は中世イタリアのフィレンツェの薬種商か医師といわれている。のち富豪となり、イタリアルネサンスの芸術を保護・育成した。

医療とアートがメディチ家では強く結びついている。

一般社団法人野口医学研究所は、サプリメントなどの健康食品、健康器具の安全性や有効性の審査・品質推奨認定なども実施している

医療にあってアートの果たす重要な役割など浅野氏は心の中でメディチ家と重ねてイメージしているようだった。

求める人材は、チームワークで一緒に働ける人

最後に求める人材だが、あるべき医療従事者の像と同様に、他人の気持ちを理解し、チームワークを組み、皆で協力しあって結果を出していけるような方だという。何ができるかという具体的能力やスキルより、こうしたパーソナリティーが重視されている。

採用のスタンスは「雇用する」という上下の関

チームワークで一緒に働ける人を求めている

係ではなく、「一緒に働きませんか」というスタンスをとっており、長く働いてくれることがなにより大切だと考えている。

「給与は経験と実績で多少の違いはあるが、それほど大きな差はない。経営者も含め、みんなで成功の美酒を分かち合う精神があります」と浅野氏は語っている。

一般社団法人野口医学研究所には女性社員が多いため、再雇用制度など女性に関わる制度は充実している。出産後、子供を保育園にあずけて仕事復帰するが、財団では小学校入学まで保育料を全額負担している。また産休・育休期間中でもボーナスが支給されているとのことである。

米国財団法人野口医学研究所の理念

■米国医学教育の実践、資格取得の援助

■医学交流の促進

■第2、第3の野口英世を育成

■医療スタッフの育成

■財団の運営において寄付金は受け付けず、
財団独自で奨学金を作る機構を持つ

一般社団法人野口医学研究所の理念

■米国財団法人野口医学研究所と同じ趣意を共有し、
同じ社会的使命を達成させること

■米国財団法人野口医学研究所の活動を物心両面から支える

■利益の大半を運営資金として
米国財団法人野口医学研究所に提供する

■「医療・健康相談・サービス＆コンサルテーション」や
「美と健康に関わる製品の開発、製造、販売事業」

マーケティングとシステムの融合を目指す

JICOO 株式会社

会社名	JICOO株式会社
設立	2013年3月
本社	東京都中央区銀座7-17-2 アーク銀座ビルディング6F
資本金	1,500万円
従業員数	50名
代表取締役社長	安月　孝宏
事業内容	ＷＥＢ制作／ＳＥＯ／デザイン／サーバ構築／ エンジニア派遣／集客支援／医療などに関する 情報提供サービス

TEL：03-6228-4807
FAX：03-6228-4403
http://jicoo.jp

JICOO株式会社 代表取締役社長 安月 孝宏氏

顧客のニーズに応え付加価値の高いサービスを提供する

クラウド&ソーシャルの時代のニーズに対し、顧客のニーズに応えられるソリューションを提供するシステム会社として2013年3月にJ－COO株式会社は創業した。

J－COO株式会社は、お客様の利益向上のお手伝いができればと〝クライアントファースト〟を掲げ、『ストラテジー（事業戦略）』、『マーケティング』、『システム』の3分野で各種サービスを展開するシステム会社である。

インターネットが世に普及されて20数年経った昨今、一般生活にインターネットが浸透して来たことでさまざまなシーンで大きな変化が生まれた。

システム業界ではダウンサイジングが行われ大型コンピュータがパソコンになり、今では10年前のパソコンを超えるスペックを持ったスマートフォンを普通に扱えるようになった。

広告業界では4大マスメディアといわれた「テレビ」「ラジオ」「新聞」「雑誌」からSNSを中心にインターネット広告シェアが増大し続けている。Twitter、Instagramといったソーシャルネットワークサービスの出現により、ユーザーが投

事業内容

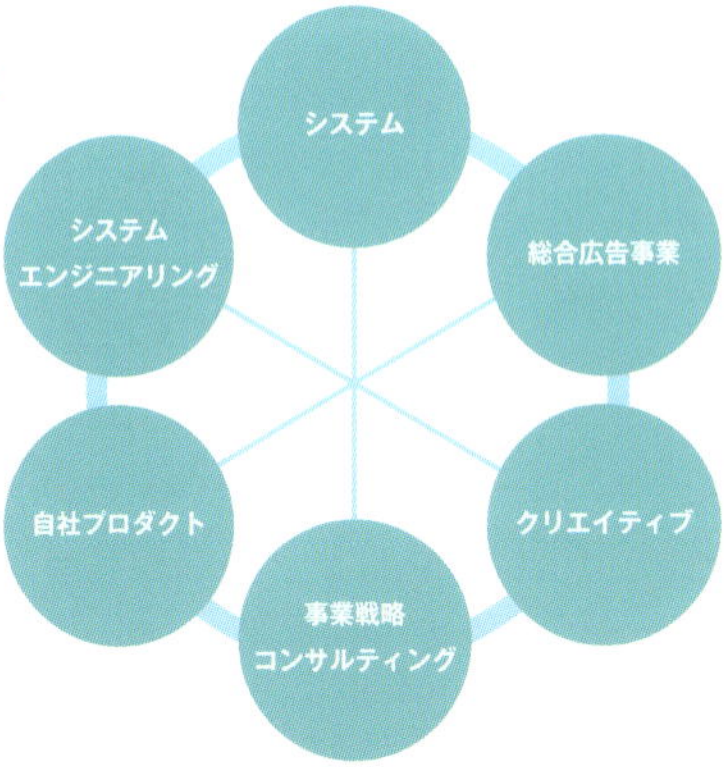

“クライアントファースト”を掲げ『ストラテジー(事業戦略)』、『マーケティング』、『システム』の3分野で各種サービスを展開している

稿する写真1枚で、大きな利潤が発生する事例は数多く、無視できるはずがない。

ソーシャルネットワークの出現によって一般の人が簡単に口コミできるようになったからである。そのため、マーケティングの在り方が「企業主体」ではなく「消費者主体」となってきた。これによって、人々の共感をどれだけ得られるかが、今後のマーケティングの鍵と位置づけられた。

IT会社の役員として10年以上のキャリアを持つ安月孝宏社長は、そうした部分に着眼点を置き、顧客利益の向上のためには「マーケティング」と「システム」は外せないと考えた。

JICOO株式会社の安月孝宏社長はマーケティングに強いスタッフを幹部に選出し、マーケティングとシステムの融合を推進できるソリューションを練り上げ、J－COO株式会社を創業した。

スタートしたときは、「システム開発」「WEBサイトの制作」「デザイン」など、主にクライアントの案件を受託して自社内にノウハウを蓄積し、2015年3月、創業から2年目の節目に、自社サービス『くすりのひろば』を開始した。

調剤薬局でのデッドストック（担当医の退職や患者の退院に伴い、必要がなくなって残された端数の薬）を棚卸で処分するのではなく、融通し合える場所の提供が上記のWEBサービスである。開始してから数年程度で大きな利益を出しているわけではないが、社会的意義の意味で、業界発展への寄与という部分に可能性を得て運営している。

自社のマスコットキャラクター『じくじらくん』が誕生する

クライアントのサイトデザインを請け負っていたデザイナーがキャラクターデザインにも注力し始めて、J－COO株式会社のマスコットキャラクター『じくじらくん』が生まれ

JICOOのキャラクター『じくじらくん』

JICOOのキャラクター『じくじらくん』のキャラクターデザインを手がけたスタッフ

た。

ゆるキャラやご当地キャラクター、駅舎や企業のキャラクター化が注目を集める現代において、この分野は今後強みを持っていくだろう。キャラクターの存在により、多方面への展開を考えることもできる。グッズ、ロゴだけでなく、印象の強さはどの場面においても重要視される。どれだけよい商品やサービスであれ、目立たなくては意味がないからだ。キャラクターの存在は、宣伝サポートにおいて多大な効力を発揮してくれるに違いない。

こうした〝クライアントファースト〟を貫くことで、その先に「自社の成長」を見出す取り組みは、社名の由来であり、理念である『時空を超えた∞その先へ』を軸として回っている。

いかにして顧客のニーズに応えていくか。課題は多いが、企画コンサルティングから入り込み、付加価値の高いサービスを提供していくという業態は選択肢の多いデジタルの時代において、重要なことではないだろうか。

多岐に渡るシステムサービスを提供する

事業のひとつとして挙げる『システム』は、システムエンジニアリングサービスから始まった。当初はSESで、クライアント内部で設計を行った案件を受託できる体制だった。現在は受託開発にてクライアントのWEBサイト、WEBを使ったサービス、業務システム、モバイルアプリなど、設計から開発、運用管理まで多岐に渡る部分を請け負っている。『くすりのひろば』もそうだが、そうしたニーズに応えられるソリューションを展開していくことで、JーCOOO株式会社は機能している。

多様化するクライアントニーズに応えられるマーケティング力

たとえば、ＢｔｏＣ（企業対消費者間取引）の会社向けの顧客獲得のマーケティング戦略策定、それに伴う実施を承っている。元々は『システム開発』を受託していたクライアントの顧客獲得に寄与できるサービスから派生したものである。

各種案件に対応できる、プロデューサー、ディレクターが在籍しており、顧客ごとに最適なプランを提案できるという形だ。

また、企画立案、デザイン方面においても深く取り組んでいて、ＷＥＢを中心として、映像、オフライン、イベントと特性の違う各シーンに合わせたマーケティング戦略をお客様と一緒に考え続けている。

各分野に適した形を創造する事業戦略コンサルティング

クライアント、社内、いずれの場合も新たな事業を展開するために必要な『事業モデル

調剤薬局同士がやり取りするWEBサイト『くすりのひろば』

の構築』を行うための調査分析と企画立案を行う。

たとえば、調剤薬局同士がやり取りするWEBサイト『くすりのひろば』は、得意分野であるWEB開発を利用した「日本全国の調剤薬局が倉庫化」できる、薬局経営者目線に立った広域型サポートシステムの開発を行った。

これは、医療費削減政策の一環である、薬価低下政策・ジェネリック医薬品の使用促進等により、薬価差益が減少している。

最近は、備蓄医薬品の在庫量が増加するという厳しい在庫問題に多くの薬局経営者が悩んでいる。自社内で消化できない在庫に対して、医薬品仲介の場として、薬剤師会やレセプトコンピュータなど、地域密着型のコミュニティーを

クライアントファーストから始めた外貨両替機

利用している現状がある。このような問題に対しての対策を提案して開発を行ったものである。

業種業態に関係なく、新たな試みに挑戦を続けていく先進性を持った分野である。

クライアントファーストから『外貨両替機』の普及に着手した

また、昨今は国策に掲げられたインバウンドに向けて、さまざまな取り組みにも着手している。駅や電車内の電光掲示板、標識や飲食店のメニュー表の多言語化はある意味では見慣れた光景になりつつあるが、外貨対策はあまり見受けられなかった。

そうして着目したのは、日本円にあまり替えていない外国人のお客様のための両替機の設置である。この『外貨両替機』の普及によって、インバウンドでの収益は格段に上昇するのではないかとみられる。

ただ現状は、限られたホテルや店舗、また都内各所に設置されているのみで、台数不足が今後の課題である。

日本の人口が減少していく時代、外国人が顧客の柱となっていく可能性を含む未来において、現金しか受け付けない店舗が多い日本には、『外貨両替機』が重要なキーポイントとなっていくに違いない。

この『外貨両替機』は、〝クライアントファースト〟の意思に同調し、社会のニーズの一助になることを願って始めたものだ。

今後の展開としては、電子マネーに目をつけているという。SuicaやPASMOなどにチャージできる電子マネーは、海外にも各種存在しているが、その国で使用できるだけで、他国では無用の長物となってしまうものが多い。外貨が交換できるのだから、電子

お客様にとって、かけがえのないパートナーとなることを目指します

マネーにも交換したい、とその思いは日本の発展に大きく貢献していくことだろう。

時空を超えた∞その先へ

ＪＩＣＯＯ株式会社創業の２年前、同月に東日本大震災があった。

多くの人が亡くなり、家を失くし、第二次世界大戦末期のように疎開する人々を多く見た。原子力発電所の崩落で漏れ出た放射能によって誇大広告と化したニュースに踊らされていたのは記憶に新しい。

放射能の脅威は小学校の頃から学ぶ。必要以上の恐怖は思考を停止させる。不安は疑惑へと

変貌し、内に潜めておくべき攻撃性を露呈させてしまうのは仕方ないことかもしれない。しかし、当事者のことを考えられる余裕を持って欲しかった。

安月社長は、家を失い大量の写真を土砂と共に流された家族をニュースで見たという。彼らは財産よりも思い出を失ったことに酷く悲しんでいた。仕事をすれば給料は入るが、思い出の品は取り戻せない。記憶は薄れていくものだが、写真や物を見返せばふっと思い出せることがある。しかし、思い出の品を失った彼らは、もう振り返ることができない。

そこで、安月社長は思い出をデジタル化できないかと考えた。家族の記録をすべてデジタルに置き換える。身内だけのSNSのようなものと考えるとわかりやすい。

先祖の顔を振り返るのに家系図を引っ張り出してくることもない。いつかは風化してしまう写真は、デジタルの中でなら鮮明なまま残り続ける。思い出を、家族との絆を、振り返るのには、小さな端末ひとつあれば事足りる時代がやってくる。

『JICOO』という社名の由来は『時空』だ。『時空を超えた∞その先へ』と理念を掲げたのは、言うなればタイムマシンのように過去にも未来にも行ける、上記のような形を残せるものを作れる会社にしたいという想いが込められている。

すでに設計図はできているが、実現化するには優秀なプログラマーが必要になってくる。折角なので未経験から育てた社員のエンジニアで実現できればと考えている。

"クライアントファースト"で取り組み人材を募集

募集しているのは"クライアントファースト"で取り組んでくれる人材である。これまで述べた通り、事業のすべては"クライアントファースト"を基本にできている。しかし、同じ視点を持ってくれるのであれば、どの分野であれ、未経験で構わないという。

大きく分けてもテクニカルスキル、ヒューマンスキルのふたつは入社から3カ月、みっちりと教育するからだ。形としては先生役を含めた4~5人の少人数制、塾などでよく聞く個別指導に近い授業を展開している。

質問もしやすく、問題もいきなり難しいものからではなく、簡単なところから。テクニカルスキルであれば、HTMLやワードプレスなどを使ってHPを作るところなどの分かりやすいところから始め、未経験エンジニアの基礎を学べる研修も行なっている。

休日にレクリエーションでフットサルを楽しむ社員

どのスキルでも同じことで、最初からできる人間はいない。一から教育してもらって、一緒に成長できる環境づくりに安月社長は力を入れている。

能力が高くても、協調性、チームワークを気にかけられなければ仕事はできないからだ。

また、世相のグローバル化に伴い、外国人も積極的に採用している。国籍、性別を問わない。

会社の男女比は7：3と男性比率が多め。しかし同業種から見れば女性比率は多い方で、『デザイン』分野は女性比率が高いそうだ。

今後は在宅勤務にも取り組んでいこうという試みがあり、女性の産後復帰などにも積極的な姿勢があった。

企業理念

■『時空を超えた∞その先へ』

jicoo

「お役立ち」の心で時代に適したソリューションを創り出す企業

株式会社カレントスペース

会社名　株式会社カレントスペース
設立　2010年
本社　東京都渋谷区渋谷2-22-7
渋谷新生ビル8F
資本金　2000万円
従業員数　300名
代表取締役社長　大西　宏良
事業内容　住宅設備機器事業／エンジニアリング事業／CAD事業／人材支援事業など

TEL: 03-6450-6064
FAX: 03-6450-6065
http://www.current-space.co.jp/index.html

株式会社カレントスペース 代表取締役社長 大西 宏良氏

豊かな流れを創り出す「カレントスペース」

株式会社カレントスペースの起業のきっかけは、大西宏良社長が前職の会社員時代の経験により転職市場の厳しさを目の当たりにしたことだという。

当時の市場は実務経験の有無が重視されており、実務経験がないというだけで落とされる状況を憂えていた。落とされる当人のことはもちろん、企業のマージン戦略においても勿体ない損失ではないかと思ったという。ならば、自分で請負会社を創って、そこで教育からすれば良い。その考えが起業の原点ということだ。

こうして2010年に設立されたのが、株式会社カレントスペース。

社名の「カレント」とは「流れ」を意味し、転じて「最適な」「時代に適した」ということを意味している。そして社章は、手と手をがっしりと掴み合うイメージでデザインされており、これは人と人との繋がりでソリューションを生み出すことを表しているという。

つまり、その時代に求められている流れを知り、それに見合う人材を育ててソリューションをご用意している。そうして顧客の「お役立ち」になるということだ。

そのため人材が財産となり、需要に応えた安定した仕事となる。

本当の意味での「人材は財産」の企業

時代に適した事業の提供を。それに対応するための要となるのが「教育」「人」「請負」の3つのサービス。これらを融合した事業モデルによって、人材の育成、コンサルティング業務、アウトソーシングなど様々な展開をすることができるのだ。

むしろ、この3つのサービスを中心として、求められる事業を当てはめているといっても過言ではない。起業のきっかけになった経緯にもあるが、カレントスペースでは実務経験や技術力重視で社員を採用しているわけではない。

そのため社員の8割以上はノースキルでスタートし、研修と実務を積んでいくという。社員はそうしてゼロから技術を身に付けることができるのだ。

カレントスペースはものを製造したり販売したりしているわけではなく、技術サービスを提供することで利益をあげている。そういう意味において、よく「人材は財産」というが、カレントスペースでは本当の意味で人がすべて。新入社員が採算ベースに乗るまでに半年~1年かかり、それまでは、すべて先行投資となるのだ。そこは「教育」として力を入れている部分であり、他社には真似できない強みである。そこが会社を存続させていく生命線

事業展開

OPERATIONAL PRESENCE

「教育トータルサポート」「業務アウトソーシング」「人的ソリューションサービス」の３つのサービスを融合させ、皆様へのソリューションをご用意いたします。

流れと連なりが作り出す
人、学校、企業の
可能性。

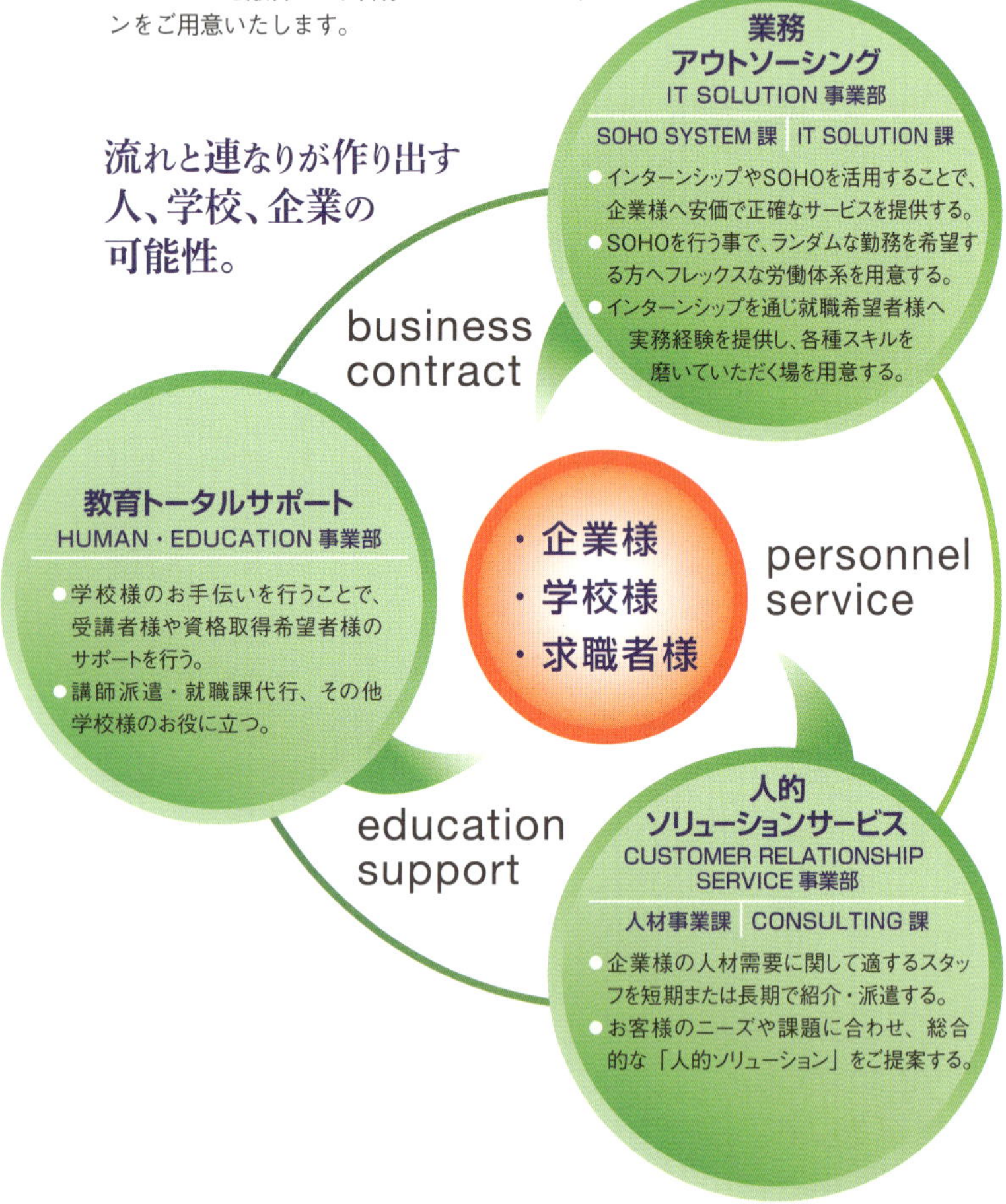

業務
アウトソーシング
IT SOLUTION 事業部
SOHO SYSTEM 課
IT SOLUTION 課
● インターンシップやSOHOを活用することで、企業様へ安価で正確なサービスを提供する。
● SOHOを行う事で、ランダムな勤務を希望する方へフレックスな労働体系を用意する。
● インターンシップを通じ就職希望者様へ実務経験を提供し、各種スキルを磨いていただく場を用意する。
business contract
教育トータルサポート
HUMAN・EDUCATION 事業部
● 学校様のお手伝いを行うことで、受講者様や資格取得希望者様のサポートを行う。
● 講師派遣・就職課代行、その他学校様のお役に立つ。
・企業様
・学校様
・求職者様
personnel service
education support
人的
ソリューションサービス
CUSTOMER RELATIONSHIP SERVICE 事業部
人材事業課
CONSULTING 課
● 企業様の人材需要に関して適するスタッフを短期または長期で紹介・派遣する。
● お客様のニーズや課題に合わせ、総合的な「人的ソリューション」をご提案する。

にもなってくる。多くの仕事の受注をもらうようになった現状に対応するためにも、今後も社員数を増加させていく考えだという。

根幹にあるのは「お役立ち」の心

カレントスペースの事業には「住宅設備機器事業」「エンジニアリング事業」「CAD事業」「人材支援事業」の４つの柱がある。だが、それらをやることを目的として起業されたわけではないという。

カレントスペースの根幹にあるのは「お役立ち」の心。

顧客が必要としているが顧客自身がお困りのこと、または面倒なことも引き受け、実行するということだ。そのため、４つの柱以外にもコールセンターや商品取扱説明業務など、幅広くサービス展開をしている。だが、多種にわたって事業展開すれども「お役立ち」を実感することができるという面で、アフターメンテナンスは最たるものだ。

メーカーや開発会社が販売した商品は、売って終わりではなく運用並びにケアするこ

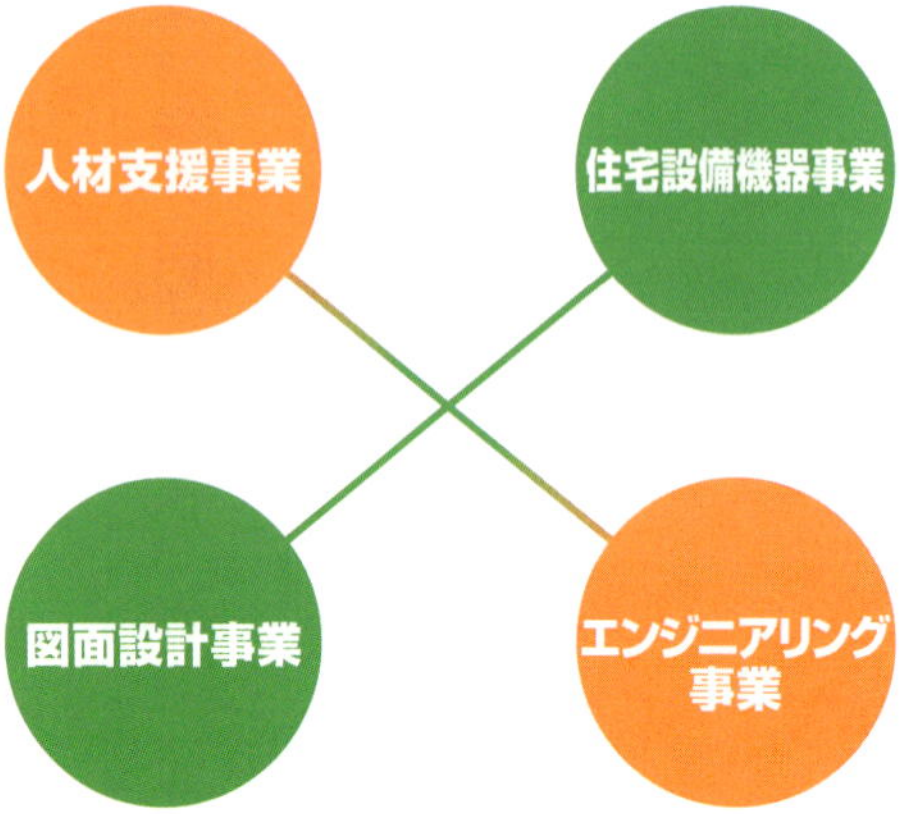

出発点はいつも『お役立ち』を通しての社会貢献。
この企業理念のもと、幅広い事業を展開しています

とで長く効率よくその商品が使える。その使い方や技術を伝えたり、技術をもったプロフェッショナルがメンテナンスをしたりといったアフターメンテナンスは直接顧客と触れ合うことができる。

例えば、キッチン、トイレ、お風呂などが壊れて使えない顧客は、カレントスペースのスタッフが伺って直すことで使えるようになるため、直接感謝を受け取ることができる。なかにはその家で採れた野菜を感謝の印に渡してくれる顧客もいるという。

大西社長自身、人の役に立つこの事業に社会的意義を感じているという。ものを大事にするというのは、古来の日本人の価値観にも合っていて馴染み深いもの。依頼してくる顧客個人も

そうだが、「勿体ない精神」でものを、そして人を大切にするのがカレントスペース流だ。必要とされている仕事に着目しているだけに、非常に安定した息の長い事業であることも確かであるといえるだろう。

日本一の住宅設備アフターメンテナンス会社を目指す

カレントスペースはアフターメンテナンスに関わる正社員が150名という社員規模であり、他会社だとせいぜい10人以下ということと比べると、この業界での規模としては非常に大きい。営業所も北海道から九州までと全国規模で展開している。これだけの規模で現場正社員が働いているアフターメンテナンスの会社は、今の日本では決して多くはないだろう。

また業界自体として見ても3つの魅力がある。

①世の中に不可欠な生活インフラ分野で一生涯のスキルが身につく。
②顧客の笑顔を直接見ることができ、やりがいを感じる。

③ 景気・不景気に左右されない安定した業種。

むしろ③は不景気の方が良いくらい。新しいものを買うのではなく、既存のものを修理する傾向になるため、仕事の受注が増えるのだ。

顧客はどこが多いのかというと、中小～大手までのメーカーはもちろん、住宅設備販売に新規参入している家電量販店やホームセンターなどのサービス業もお客様となっている。実際、これらの顧客からは多くの依頼があり、また、その口コミから、さらに依頼が広がっている。全国で対応できることや、基本的に仕事を断らないということなども強みの1つだろう。

ただ、お客様の売上が下がっている時はその限りではない。いくら当社の売上になろうとも、お客様自身の売上が下がっているようでは「お役立ち」にはならない。ゆえにお客様のお役に立てていないと判断するならば撤退している。お客様と共に事業戦略などを考えて、お客様の売上をあげた上で、余剰分で当社も利益を得る。その形を創業以来崩していない。

そのようなこともありつつ、特に積極的な営業を行わなくても依頼がもらえている状態。むしろ人手が足りなくなってきているくらいである。

半期ごとに基本的に全社員が集合して会社の方針発表、業務確認などを行う全体会議

そのため、新規の人材確保ももちろんだが、社員1人1人のマルチ化も行っている。現状、1日の勤務時間のうち、車の移動の時間に半分かかってしまうこともあるという。そこで、1人1人の技術の向上により、やれることが増えれば、1件にかかる人員も少なくなり、さらに同じ場所で複数の案件を担当することで、他の案件場所に移動することもなくなる。社員にとっても自己価値を高めることになり、さらに一生涯のスキルを身につけて安定性を高めることになる。これは現在進行中で順調に進んでいる。

いずれは工具の開発・販売なども手がけ、より作業の効率化を図ろうと考えているとのことだ。そうして遠くないうちに、堂々と日本一の住宅設備アフターメンテナンス会社と名乗れるように精進していきたいという。

5年で一人前の社員教育

カレントスペースでは5年をテーマに「教育」に力を入れている。専門的な手に職を持つ技術を学び、さらにマルチ化もされていく。立派な職人には5年どころか3年目くらいで、すでになっているという。そうすると会社を辞めて独立したり、上位会社へといったりしてしまう者もいる。

だが、大西社長は5年で当社を卒業してもらっても良いのだという。初めの1年は投資の段階、2~3年くらいで投資分を回収し、4~5年くらいで後任を育成してもらう。それ以降は辞めても良し、残るも良し、さらにスキルアップして特殊案件をやってもらうも良し。もちろん辞める前には後任を育ててもらう必要はあるが、このような、ある種の人材輩出企業であって良いということだ。そうすることで、優秀な人材が社会に進出していく。「お役立ち」の精神は企業内の仕事だけでなく、社会に対しても発揮されるということだろう。

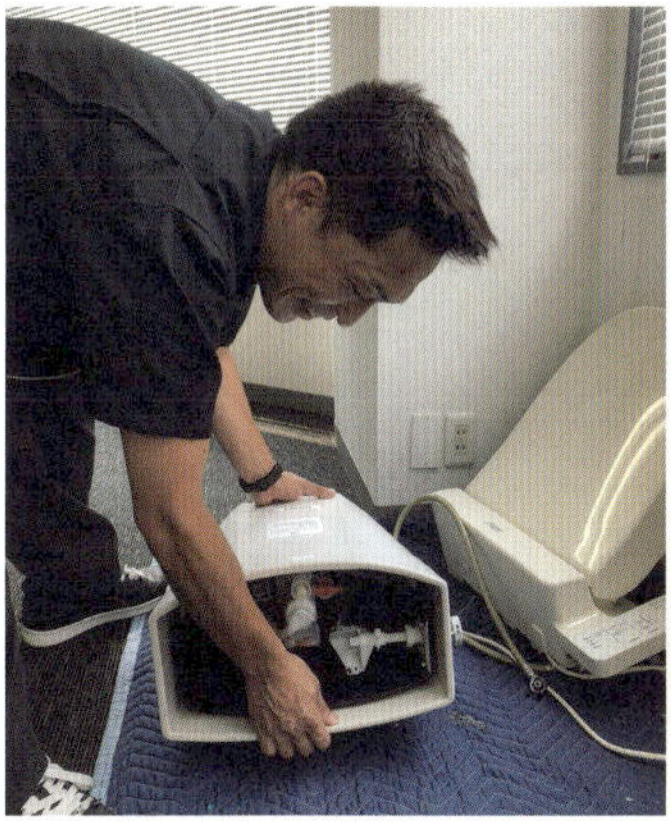
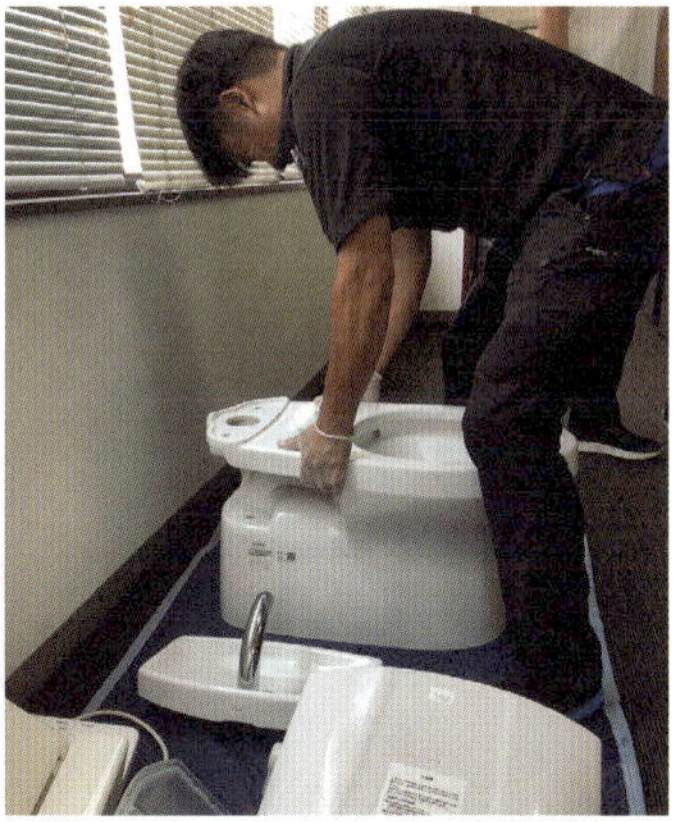

トイレ工事の研修。先輩社員によるOJTを中心とした研修制度がありますので、初心者・未経験の方でも安心して就業していただけます

カレントスペースが求める「人間力」

カレントスペースは技術を重視しない。代わりに見るのは「人間力」だ。

もちろん最終的に求めるのは両方共のスキルだが、技術はゼロから教えることを想定している。それは技術スキルの高い人にヒューマンスキルを教えるよりも、ヒューマンスキルのある人に技術を教えるほうが、結果的に早く身に付けることができるからだという。

また、技術的なエラーは比較的カバーしやすいが、ヒューマンエラーは難しいというのも理由の1つだ。人間性によるトラブルは顧客の信頼を失い、今後の受注にも影響しかねず、何より

「お役立ち」の精神に合っていない。

そういう意味でも、採用の際には人間性が重視され、特に人好きする人が望ましいという。だからといって失敗を許さないというわけでは決してない。むしろ、人を成長させるには失敗も必要という考えだ。

「教育」に力を入れているだけに、研修制度や資格取得のためのサポートも充実しており、社員を育成することに力を入れている。そうして、なるべく早く独り立ちさせることが、その人の成長に繋がる。失敗してもめげずに頑張ろうと思える人がカレントスペースに向いているといえる。人と接することが好き、顧客に感謝され、笑顔が見られることに喜びを感じる人なら、さらに合っているだろう。

カレントスペースの今後の「流れ」とは

カレントスペースの起業の発端は最初に述べているが、他の理由として、職人の業界を汎用性のあるものに変えたかったという思いがあったと大西社長はいっている。きちんとマニュアルを作って、しっかり教育すれば、職人気質な仕事でも問題なく法人としてやれるはず。24時間請け負う会社ではあるが、週2日の休みを徹底させて、無理なく職人の業界を法人としてコントロールしている。

２０２０年には株式上場の予定もあり、現在も社内整備に取り組んでいるとのこと。大西社長いわく、上場のメリットは大きいという。

業界として、なかには料金体系が確立されていないものもあり、他では高額な報酬を要求するところもあるという。特にひどい例では、水回りでは根本問題を解決しないで誤魔化すような修理をするところも。上場することで、それらとの差別化ができ、得られる信用は大きいのだ。

また、事業は日本だけに留まらず、海外進出としてベトナムへの繋がりがあり、海外の人材も多様に受け入れているとのこと。

さらに、時代の流れとして、現在は大手メーカーは外注法人を活用する傾向にあるという。通常の個人事業主の場合では、仕事を依頼して発注して断られた場合、お客様は自分達で代わりに引き受けてくれるところを探さなければならない。しかし、外注法人ならその手間が省けるので非常に重宝がられる。

お手入れ講習会。住宅設備メーカー様あるいはハウスビルダー様主催の一般のお客様を対象とした水回りのお手入れ講習会に講師を派遣、好評を博しています。女子社員も活躍しています

そんな背景もあり、口コミも広がってさらに多くの依頼をもらうようになったカレントスペースだが、おかげで需要に供給が追い付かなくなっているのが現状である。それに輪をかけて、人材不足の問題が生じている。

社員のマルチ化なども進めるが、やはり一番欲しいのは新たな人材。社歴としては、まだまだ若い会社で社員も20代～40代が中心と比較的若い人が多い。大西社長は社員を「同士」という気持ちで接しているという。

時代に適応した必要とされる仕事。それを共にやれる「同士」に巡り合えることを常々心待ちにしているという。

会社の理念

■社訓
「流れを知り、流れを読み、そして流れを創り出す」

■経営理念
私達は、「豊かな流れ」を創りだす“お役立ち”を通じ、私達に触れていただく皆様と共にいつも歩みつづけることを目指します。

■カレントベンチャーSPIRIT
1. すぐやる。=(スピード)
2. みんなでやる。=(全体営業)
3. できるようにやる。=(可能性の追求)

■行動指針
「流れ」とは、「動くもの」である。
　私達は、停滞することなく、絶えず自ら行動する。
「流れ」とは、「続くもの」である。
　私達は、過去·現在·未来に続く価値ある行動をする。
「流れ」とは、「向かうもの」である。
　私達は、目的意識を持ち、常に向かう先を見据え行動をする。
「流れ」とは、「繋がるもの」である。
　私達は、周囲との繋がりを大切にし、周りと共に行動をする。

社会の中で自分が活かされていることや組織の中で自分が活かされていること、家庭の中で自分が活かされていることを再認識し、自分に関わる方々への「感謝」の思いを忘れず、日頃の行動や生活をしていきます。

法律サービスの デジタル革命を リードする最先端企業

AOS リーガルテック株式会社

会社名	AOSリーガルテック株式会社
設立	2012年6月
本社	東京都港区虎ノ門5-1-5 虎ノ門メトロシティ神谷町4F
海外拠点	米国･韓国･スイス
資本金	5100万円
従業員数	50名
代表取締役社長	佐々木　隆仁
事業内容	データ復旧サービス事業／フォレンジック（不正調査）事業／eディスカバリ（電子データ証拠開示）事業／リーガルテックツール販売事業／VDR（バーチャルデータルーム）事業／AOS IP（知財）事業／日本企業の海外向けリーガルサービス事業／買収先の非財務的リスク調査サービス事業など

TEL: 03-5733-5790
FAX: 03-5733-7012
http://www.aos.com/

AOSリーガルテック株式会社 代表取締役社長 佐々木 隆仁氏

リーガルテックのリーディングカンパニー

ＡＯＳリーガルテック株式会社は、１９９５年設立のＡＯＳテクノロジー株式会社から２０１２年に分離・独立した新しい企業だ。

ＡＯＳテクノロジー株式会社は大手コンピュータメーカーの技術者だった佐々木隆仁氏が、大手企業から独立して起業したソフトウエア会社。

当時未開に近い分野だったリーガルテックをメイン事業として急成長をとげた。消えてしまったデータを復元するソフト「ファイナルデータ」は高い評価をえた。現在に至るまでこの分野でシェアナンバーワンの地位にあり、データ復旧サービスのリーディングカンパニーといえる。

パソコン、ハードディスク、携帯電話、スマートフォンからドライブレコーダーや防犯カメラの画像などまで、あらゆるデータに関して復旧を実施している。

累積依頼件数はなんと７００００件、復旧率は94％という。

ＡＯＳリーガルテックの犯罪捜査や企業の不正検証にも活用できるリーガルテック技術に対しては経済産業大臣賞がおくられている。

この会社が一躍社会から脚光を浴び、マスコミにしばしば登場することになったのは犯罪事件解決への貢献だった。

2001年から犯罪捜査のため、警察機関に対して証拠データ復旧サービスの提供を開始し、以後今日にいたるまで我が国の犯罪捜査に多大な貢献をはたしてきた。

2010年に起こった大阪地検特捜部のデータ改ざん事件。当時冤罪事件として世間を騒がせた、地検検事が証拠物件である一太郎のフロッピーディスクの更新履歴を書き換えた事件だ。この改ざんの証拠をつきとめたのがこの会社の技術だった。

また、2011年大相撲力士による八百長事件でも活躍した。野球賭博の疑いで押収した力士の携帯電話の復旧調査から力士の八百長関与が判明した。

このように司法分野での事業が拡大したため、司法分野のデジタル化に特化した会社としてリーガルテック事業をスピンアウトさせ、AOSリーガルテック株式会社は誕生した。

リーガルテックがめざすのは司法のデジタル化

リーガルテックという言葉は、なじみ薄い言葉だが一言でいうと「リーガルサービスを提供するために活用されるソフトウエアやテクノロジー」である。訴訟などの司法業務のデジタル化によって効率化することと言い換えてもいい。デジタル化社会の進展によって法曹界は大量のデジタルデータを調査し、必要な証拠データを抽出する必要に迫られている。これに対処するための技術とサービスが「リーガルテック」だ。

また、韓国への出張から戻られたばかりの佐々木社長に話を聞くと、次のように語っていた。

「韓国は世界銀行のランキングで最も法曹界のデジタル化が進んでいる国。韓国の裁判所を訪れるとデジタル証拠を扱うデータセンターが見事に完備されていた。一方、我が国は残念ながら相当遅れている。世界銀行のランキングではなんと51位。政府は昨年やっと司法のデジタル化に関して重い腰を上げた。今後この改革を急ピッチでおしすすめなければ日本の未来は暗い」

日本のデジタル化の遅れは法曹界のみならずあらゆる分野でみられる。それが日本の経済成長をながらく停滞させてきた原因だと指摘する。

しかし遅れている分AOSリーガルテックにとっては巨大な市場が目の前に広がっているということでもある。企業成長の限りない可能性があるといえよう。

したがってAOSリーガルテックの主な顧客は法曹界が多い。検察庁、警察機関、裁判所や金融庁、弁護士事務所、企業の法務関連部署などだ。とくに競争が激しくなった弁護士にとって競争力を高めるためにもリーガルテックの活用が不可欠になっている。

AOSリーガルテックの主な事業は①フォレンジックサービス、②データ復旧サービス、③VDRサービス、④eディスカバリサービス、⑤リーガルテック関連製品販売、となっている。以下簡単に事業の内容を説明しよう。

フォレンジックサービス

「フォレンジック」とは「法廷の」「法医学の」「科学捜査の」という意味。フォレンジックサービスとは事件や訴訟などに関連するデジタルデータを復元調査し、法的証拠能力をもたせる一連の手続きをさす。「デジタルフォレンジック」とも「コンピュータフォレンジック」ともいう。膨大なデジタルデータから重要な証拠を見つけ出す作業には、高度なデータ復旧技術に加えさまざまな専門知識やノウハウが要求される。

AOSリーガルテックは2000年より公的機関向けに最先端のフォレンジックツールとサービスを提供してきた。

2009年には捜査機関に携帯電話の削除データ復元サービスを開始した。2011年からはスマートフォンの削除復元、2012年からは発着信・キャリアメールに加えLINE、Facebook等のSNSへの削除復元に対応してきた。またパソコン、RAIDサーバー、外部ハードディスク、USBメモリー、SDカードなどや監視カメラ、ドライブレコーダーなど動画の削除データ復元も対応している。

こうした長い間に積み上げられてきた経験と実績により、高度な技術やノウハウが培われてきた。

この会社が業界のなかで一歩も二歩も先を走っている理由は長年にわたり蓄積されてきた高度な技術力とノウハウ、そして顧客との信頼関係といえよう。

フォレンジック調査の対象は刑事事件や民事事件だけではなく、企業内における不正調査、パワハラ調査、機密漏洩や学校でのいじめなど幅広い分野にわたっている。
ここでAOSリーガルテックの一般的なフォレンジック調査の流れをみてみよう。
①相談・・・・状況把握のためのヒアリング。調査対象・情報機器の特定。
②保全・・・・調査対象を専用機器でコピー、証拠能力のあるデータとして保全。
③調査・・・・保全したデータを解析・調査。
④調査報告・・・・解析した証拠データを専門弁護士の監修のレポートで報告。
こうした作業は徹底したセキュリティ体制のもと、高度な専門技術をもつ技術者によって実施されていることはいうまでもない。

eディスカバリ（電子情報開示）

米国の民事訴訟において当事者は事件にかかわるすべての情報の開示が義務付けられている。訴訟の当事者は、相手の有する証拠となりうる情報を、有利不利にかかわらず広範に取得できる。2006年連邦民事訴訟規則（FRCP）の改正によって義務付けられた。

これにより企業は原告被告にかかわらず、法的要求に応じて、コンピュータなどに保存されているすべての関連データを、証拠として期限内に提出する責を負うこととなった。期限内に提出できないと制裁措置を科せられたり場合によっては敗訴にいたることもあるという。

海外でビジネスをする日本企業はさまざまな訴訟リスクにさらされている。一旦、訴訟にいたると膨大なデータから関連するデータを抽出し証拠化して提出しなければならない。データの範囲は米国のみならず日本国内にあるデータにまで及んでいるから膨大である。契約書、議事録、経理書類などから個人のメールまですべてのデータから関連するデータを証拠化しなければならないのだ。

eディスカバリとは、訴訟における電子データにかかわるものをさし「電子情報開示」と訳されている。いまや企業の保有する情報の過半は電子化されているため、訴訟では電子データの開示要求にどのように対処していくかが重要な課題になっているのだ。

AOSリーガルテックは海外でビジネスを行う企業の訴訟対策をさまざまな技術で支援している。専門の技術者が「証拠保全」「解析」「報告」という適切な手順でサービスを行い、デジタル証拠を抽出し開示する支援をしている。

この支援事業の核心は抽出したデータが、一切改ざんされていないことを立証できなければならない点だ。なぜなら電子データは書き換えが容易で改ざんが起こりやすいからだ。この作業は想像以上に企業にとって負荷が大きくコストも大きいため、専門の技術者の支援が不可欠となっている。そこに長年フォレンジック技術を蓄積してきたAOSリーガルテックの活躍する機会があるといえよう。

現在、米国をはじめ韓国、スイスなどに拠点をもつのは主に海外でビジネスをする日本企業の訴訟支援のためである。

VDR（バーチャルデータルーム）

新しい事業にVDR（バーチャルデータルーム）事業がある。VDR事業は「機密情報共有クラウドサービス」である。

これはクラウド上にサーバーを用意し、重要な文書、ファイルなどのデータを安全に保管し、関係者が共有して利用するというサービスだ。もちろんパスワードなどで認証され

AOSリーガルテック株式会社のオフィス

た関係者しかアクセスできない高いセキュリティがかかる。

これを活用すると、たとえばM&A、デューデリジェンス（投資先の価値やリスクを調査すること）、パートナーシップ交渉など重要な取引を、クラウド上で、関連当事者が効率的にすすめることができる。世界中のどこからでも重要な機密データにアクセスでき、複数の部門、パートナー、顧客、契約先、規制機関などがコンテンツを共有できるのだ。

どんな機密情報がＶＤＲに保管されるかいくつか例をあげてみよう。

M&A・社外取締役とのデータ共有・投資家レポート（金融・証券）・安全性文書の配布（医療・製薬）・共同研究、臨床実験、モニタリング（製薬）・監査報告（法律、会計事務所）・テレワークや共同開発の内部データ共有（企業、テレワーク）・裁判資料の共有（企業法務、弁護士）・不正調査の証拠レポート（捜査機関、企業管理部、弁護士）・特許、知財権の情報共有（ゲーム、コンテンツ業界）・社外パートナーや代理店の取引データ共有（流通、ベンダー）・図面、設計データの共有（建設、製造業）。

これを見ただけでさまざまな重要情報の共有が安全に行われ、ビジネスや司法業務の生産性が格段に向上することがわかる。

2018年3月「探して、試して、使う」日本初のAPI取引所「API bank」を設立した。APIとはアプリケーション・プログラミング・インターフェースの略。一言でいうとソフトウエアの機能を共有することをさす。ソフトウエアの一部をWeb上に公開することで誰にでもそれを利用できるようになる。多くのAPIが公開されているのを一同にまとめたのがAPI bank。APIの「本屋」などと呼ぶ人もいる。これによってソフトウエア開発の低コスト化、効率化が促進され、さまざまな新しいサービスやビジネスが生まれてくる可能性が大きく広がることになろう。

セミナー・レクチャー・カンファレンス

AOSリーガルテックはデジタル訴訟やさまざまなテーマでセミナーや講演会、国際的カンファレンスを行っているのも特徴である。

年に一度開催される「リーガルテック展」では世界各国からこの分野の一流専門家をまねき最先端の技術動向などの講演をしていただいている。

自社のサービスやツールの紹介、セミナーや講演を通じ広く多くの人々にリーガルテックの重要性を普及、啓蒙しているのである。

全国の捜査関係者むけのフォレンジック研修も行っている。

経営の理念は「データは命のように」

AOSリーガルテックの経営理念には「データは命のように」とある。

佐々木社長によると日本はあまりにもデータに関して無防備であり、無関心であったという。膨大な貴重データがただ放置されていて、十分な活用がされていない。かつて世界をリードしていた日本の製造業が中国、韓国などに追い抜かれてしまった原因には重要な技術情報の流出が背景にあったという。データは企業にとって「命」であるにもかかわらず、粗末な対応をしてきたという。これは言い換えれば我が国の社会がデジタル化で世界から大幅に遅れてしまったことを意味しているという。

佐々木社長はいまが日本にとってデジタル革命、ＩＴ革命のラストチャンスだと危機感を語った。こうした危機感がＡＯＳリーガルテックの精力的な活動の根底にある。まずは最もデジタル化の遅れている法曹界のデジタル化を突破口にして、将来はあらゆる分野でのデジタル化を進めていくのがこの会社のミッションのようである。

現在の経営課題のひとつは人材の問題である。多くの応募があるがミスマッチが多い。新卒をじっくり教育する余裕がないほど事業のスピードが速い。結果、経験者の採用が中心となっている。

募集職種は①技術者、②営業職、③オンラインマーケティングスタッフ、④弁護士などである。技術者はｅディスカバリやフォレンジックツールなどを扱う技術者を現在は中心に募集している。フォレンジックソフトの環境構築やサポート業務などである。英語での対応もあるため英語力ももとめられる。営業職はフォレンジックサービス、リーガルテックツールの紹介と販売が主な仕事。弁護士・企業の法務部門・情報システム部門などが主な対象である。

オンラインマーケティングスタッフはWebを使ったリーガルテックツールのマーケティング作業にあたる。見込み顧客の発掘を行う。

最後に弁護士だが、法律事務所の仕事にあわない新人弁護士を募集している。法曹界のデジタル化に強い関心をいだき、ともに日本の法曹界のデジタル化を推進したいと思う方を募集している。

もちろん応募資格で国籍や性別、年齢の制限はない。ただし日本人以外は日本語のコミュニケーションが円滑にはかれる方をもとめている。

どのような人がこの会社にむいているのか、想像するに、佐々木社長がいだく日本のデジタル革命に共鳴し、ともにそれを担っていく情熱がある方ではないだろうか。

近々株式上場を視野にいれているというが、株式上場は目的ではなく、あくまで日本社会のデジタル革命を実現することであり、一緒にそれを担う燃える同志をもとめているようである。

佐々木社長は早稲田大学の理工学部で熱中した柔道を多忙の現在も続けている。先日も区の大会で好成績をあげたという。このことを聞いたとき、今テレビで放送されている『西郷どん』が頭の中に浮かんできた。

会社の理念

■データを命のように

印刷を中心とする さまざまな事業で 企業の業務を支援する会社

株式会社報宣印刷

会社名	株式会社報宣印刷
設立	1978年5月
本社	東京都江戸川区松江7-8-10
本部	東京都豊島区池袋2-63-7
資本金	300万円
従業員数	165名
代表取締役社長	田邉　均
事業内容	商業美術印刷全般／販売促進提案／マーケティング コンテンツ制作／データベース構築など

TEL: 03-3987-9111（代表）
FAX: 03-3987-9023
https://www.hosen-p.co.jp

株式会社報宣印刷 代表取締役社長 田邉 均氏

埼玉工場

広大な敷地面積を誇る埼玉工場

印刷の枠を超えたビジネスで企業の業務を支援

株式会社 報宣印刷は、人から人へ想いを伝える印刷事業をはじめ、コミュニケーションツールとしての各種メディアを担っている企業だ。

創業は1972年。2012年にはタイへイグループの一員となり、全国70社以上のグループ企業・パートナー企業と連携しながら、さまざまな企業の業務サポートを行っている。それぞれの案件に最適なサポートを実施するため、現在では印刷の枠を超えたさまざまなビジネスを導入し、展開。日々、進化を続けている。

同社の田邉均社長は次のように語っている。

「弊社は単純に印刷するだけでなく、お客様の抱える問題解決に向け、課題をヒアリングし、一緒に考え、さまざまな提案を行う会社です。販売促進においては、必要に応じて調査分析から販売計画に関わるマーケティングを行い、さまざまなアプローチから企画デザインを提案しています」

商品開発から関わり、ターゲットと商品特性を鑑みた商品のネーミングを考えたり、効果的な告知ツールの提案を行ったりすることもあれば、制作物のデザインから印刷までを一貫して担ったり、各種店頭ツールやノベルティグッズの用意や、イベントの手配をすることもあるのだという。時には店頭視察を行い、ターゲットや地域の特性、通行する人々の導線や目線の高さなどを考慮した上で、最適なツールの作成や改善のためのアドバイスを行うこともあるといい、印刷事業に留まらず、顧客の要望に応えるために日々新しい試みを行っている。

販促に効果的な手描きＰＯＰや黒板ボード作成の専門家を招いての、社員向け教育・研修会の手配や実施などもそのひとつだ。

さまざまなビジネスを展開する同社だが、その主力事業は①印刷、②コンテンツ制作、③販売促進提案、④マーケティングの４種類。それぞれの事業内容について、以下で紹介しよう。

最新鋭のオフセット高速輪転機

主力の印刷事業は ハイスピード・高品質が自慢

報宣印刷の印刷工場は現在、超高速・高性能のオフセット輪転機を7台所有している。輪転機というのは、新聞や書籍などの大量印刷を行うための印刷機械のこと。

円筒状の版を用い、円筒型の圧胴で紙を押し付けて印刷を行うのだ。同社で取り入れている輪転機は、一般印刷から高級商業印刷まで、あらゆる印刷物を超高速工程でこなす、世界最高水準のもの。「毎分1000回転」の速度で印刷を行う業界屈指のハイパフォーマンスラインだ。B2サイズの印刷物であれば、1時間で約6万部、1日で約132万部の印刷能力を誇る——

といえば、その圧倒的なスピード感が伝わるだろう。

２０１５年には、印刷と同時に「ミシン目加工」を一括で行えるパーフォレーター付輪転機を増設。ハサミを使うことなく手で切り取れる印刷物を短い時間で製作できるようになったため、クーポン券の配布を希望する企業のニーズに応えることが可能になった。そのほかにも、従来、手作業で貼り付けなければならなかった返信ハガキや色刷りカードについて、印刷と同時に貼り付け加工を行うことができる最新機器を導入。「紙をめくる」という仕掛け付きの販促ツールも、低コスト、ハイスピードで製作できるようになったため、多くの顧客のニーズに応えることができている。

工場にはキャリアを積んだオペレーター達が数多く在籍。最新のハイテク機器と高い技術をもつオペレーターを有し、合理化を実現できていることで、顧客への利益還元に大きく寄与している。

また、大手タイヘイグループに属していることも、報宣印刷の強みのひとつである。ファイナルデータの一斉転送を行い、全国に17社あるグループ会社と協力し合うことで、配布エリアや印刷部数に関わらず、全国どこでも同時印刷・配送が可能。全国に分散したフランチャイズ店の販促物印刷などに適しているほか、デリバリー実績に基づき、最も効率的な印刷・配送ノウハウの提案も行っている。

ワンストップでイメージ通りのコンテンツを制作

同社の業務は印刷事業にとどまらない。顧客企業の課題を解決すべく、さまざまなソリューションを提供しているのだ。

販促企画の立案から、撮影、デザイン・制作、校正、印刷、配送・納品まで、コンテンツ制作に関わる全ての業務をワンストップで提供している。制作は以下の流れで進む。

まず、担当の制作スタッフが顧客企業を直接訪問。ヒアリングした目的やターゲット、イメージなどをふまえ、自社デザイナーがデザイン・制作を担当。過去の実績などをもとに、顧客のイメージや方向性を鑑みながら、最も効果的でターゲットニーズに合ったデザインを提案する。その後、自社の専任校正スタッフが誤植やミスを徹底的にチェックし、印刷工程へ。

徹底してミスを防ぐために、最終段階では、校正スタッフのみならず、担当営業、担当制作の3部署で校正を行うことで、小さなミスも見逃すことなく、印刷工程へ進めるという。そして、印刷終了後は入念な検品。顧客に満足していただけるクオリティであることを確認した後、納品を行っている。

通常であれば、広告会社やマーケター、コンサルタント、コピーライター、印刷会社……と、少なくとも3～4社との取引が必要となるところを、同社1社で完結できるのである。顧客企業にとっては、あらゆる手間が省けるほか、コストや納期のメリットも非常に大きい。多くの顧客の要望を叶えることができているのだ。

顧客のことを第一に考えてマーケティング戦略を立案

販売促進に欠かせないのが、マーケティングである。同社では新規・既存の顧客へ、案件ごとに担当営業が現状をヒアリング。競合他社の動向や市場の分析を徹底して行い、最適な戦略をプランニングしている。

時には専門的なリサーチを行い、効果的な広告頒布の施策について提案することも。顧客が最大の成果を得られるように、スタッフが一丸となって対応していくのだ。

顧客が必要としている印刷物はもちろんのこと、イベントの企画や、プロモーショングッズの選定や作成、店頭ツールや店内装飾などを幅広く提案。

モノだけではなく、ホームページの作成やデジタル画像の処理、SNS対策など、WEBコンテンツの提案も行っている。なお、これらの宣伝計画については、週間単位の短期のものから、月間・年間といった長期のものまで多数。とことん顧客のニーズに寄り添っていく姿勢がうかがえる。

さらに、同社では新商品のネーミング提案から広告コピーの開発、デザインワークの対応もする。社内常駐のスタッフやクリエイターが、商品のイメージを端的に伝えると同時にターゲットの印象に残るコピーを考えていくのだ。

ほかにも、会社案内やカタログ、折込チラシの制作からパッケージデザイン、インバウンド向けの多言語翻訳の手配まで、ありとあらゆる提案で、企業の課題解決に寄与している。過去には企業のオリジナルキャラクターのデザインを行ったこともあるという。顧客である企業に寄り添い、あらゆる課題を解決していく姿勢がうかがえる。

最先端ツールをいち早く導入し、PR力を強化

「弊社ではドローンを使った撮影も行っています。迫力のあるアングルで、お客様の施設を紹介する動画を作成、新たな魅力を提案しているのです」と語るのは、田邉社長。2016年から、同社ではドローンを導入している。

顧客企業に「圧倒的なパンチ力のあるPR案」を提供すべく、ドローンを活用した撮影を始めたのだそうだ。ドローンが可能にするのは、普段撮影することができない視点からの撮影。見たことのない視点からの撮影映像によって、今まで見せられなかった、知られていなかった魅力やメリットを伝えることができるのだ。

また、ドローンは風景全体を俯瞰した映像から、建物にぐっと近づいていくダイナミックな映像まで、さまざまな映像をおさめることが可能。従来では考えられなかったほどの豊富な素材を手に入れることができるのだ。

なお同社では、国土交通省の許可承認を得たスタッフが操縦撮影を行うため、法令に準じた空撮が可能だという。

これまでに同社が行ったドローン撮影について、田邉社長にうかがった。

「廃校になった小学校を改築して、道の駅として生まれ変わった『保田小学校』。弊社のドローン撮影によって、校舎のつくりや体育館のつくりなどがよくわかる、小学校らしい静止画や動画を撮影することができました。また、霞ヶ浦に面した日帰り温泉施設の『白帆の湯』。これまで、最上階の温泉風呂から見渡せる絶景は、訪れた人にしかわかりませんでしたが、ドローンがそれを可能にしました。絶景が楽しめる好ロケーションを、ドローン映像によって余すことなく伝えることができました」。このほかにも、ドローン撮影の活用事例として商業施設・不動産・大学や高校・工場施設・ゴルフ場・イベント・観光地・結婚式・宿泊施設・墓地や霊園・アクティビティ・求人などの事例があるとのことだった。

報宣印刷が誇る社内のプロフェッショナルたち

田邉社長は、同社の社員について次のように語っている。「ひとつのプロジェクトを成し遂げるためには、『営業部門』『制作部門』『生産管理部門』『工場』において、コミュニケーションでつながったチームワークが必要です。人のつながり、人間力で、製品の出来

ドローンでさまざまな空撮を販促的に展開

栄えは大きく左右されていくのです。私たちは、お客様の多様なニーズにお応えできるよう、常に一人ひとりの価値とスキルの向上、チームワークの強化を大切にしています。

お客様の要望に応える『良い製品』を作り上げてこそ、『お客様満足』を高めることができ、信頼をいただけるのではないかと考えているからです」

同社営業部の仕事内容をうかがい、社長の発言に深く納得した。

まず、顧客企業を訪問し、現状をヒアリング。情報を整理した後に、潜在的なニーズを引き出せるようにさまざまな角度からの検証を行い、顧客にとって最適なプランを提案する。その後は、プロジェクトごとに選定されたスタッフによってチームを編成。営業部の社員はそのチームの旗振り役として、きめ細やかなコミュニケーションで情報を共有。企画、制作、印刷、納品スケジュールのスムーズな進行管理に努めているのだそうだ。エンジニアやクリエイター、オペレーターなどさまざまな専門分野のプロフェッショナルが「顧客企業の課題解決」をひとつのゴールとして、各々の知識を結集し、チームワークで成果をあげていることがわかった。

男性中心と思われがちな印刷業界において、同社では営業部を中心に女性社員が多く活躍しているのも大きな特徴だ。採用にあたり、性別や年齢、学歴や専攻分野関係なく活躍の場を設けているそうで、２０１７年度には埼玉工場でベトナムからの研修生を４名受け入れている。多様性を重視した採用を行っている点も魅力のひとつだろう。

報宣印刷が求める人材は「人が好き」な人

日々変化する社会において、報宣印刷の田邉社長は、慣習にとらわれることなく新しい発想を柔軟に取り入れていきたいと語る。先人の知恵やノウハウを共有しながら、フレッシュな感性との融合で業務を活性化したいという思いからだ。

その中で同社が求めるのは「人が好き」な人材。仕事を進めていくとき、「人が好き」で気持ちが素直な人は、先輩のアドバイスや顧客の要望を真剣に、そして素直に受け止められるはずだからという。また「聴く力」も重要なポイント。コミュニケーション能力をもって、仕事で大きな力を発揮する人材が求められている。

そして、採用時に最も重要視するのは「熱意」だという。特に営業部門では、失敗を恐れずにチャレンジしてみたいと考えられる、意欲のある人が歓迎されるのだそう。何事も新しいことに挑戦するのは勇気がいるものだが、失敗を恐れず、前向きに物事に取り組んでいくパッションのある人が求められているようだ。田邉社長はこう語る。「受身である人は、実にもったいないと思います。失敗したって良いんです。それは成長できるきっかけで、将来の〝のびしろ〟となるのですから」。あらゆることに主体的にチャレンジできる環境が、報宣印刷にはあるようだ。

なお、同社への入社にあたって印刷の知識は問わないという。十分な研修の機会を用意しているため、入社後に先輩達と共にやっていけるコミュニケーション能力と熱意があれば、「できる人」「やれる人」となり、結果、活躍する「やった人」に成長できる、という考え方からだ。行動力や責任感を醸成するためのＯＪＴを通じ、具体的な仕事を先輩と取り組んでいく仕組みで、任務に必要な知識や技術、技能、態度などは研修を通して継続的に学んでいけるという。

また、配属は、入社後の適正で、協調性や責任感、成長を見ながら決定。配属後も、自分で希望し認められれば、さまざまなセクションへの異動も柔軟に対応されるという。自身のキャリアプランについて常に積極的に考え、日々熱意をもって働き、努力を惜しまない人にとっては、成長機会が多く用意されている企業である。

最後に田邉社長はこう語る。「〝追い求める熱い心〟からの、トータルコミュニケーション。それは、印刷業界への新しい可能性となります。世界の変革、技術革新が印刷業界にも意識改革をもたらしていますが、私たちもまた、グローバル化へ。新たなステージを目指し、課題を解決しながらお客様と〝共生〟できる企業を目指していきます」

株式会社 報宣印刷は、印刷設備の増強も予定しており、更なる飛躍が期待されている。

会社の理念

■私たちは良い品･良いサービスに徹し、お客様に満足と潤いを提供します。

■私たちは人にやさしい･社会にやさしい･環境にやさしい企業を目指します。

■私たちは常に新しいことに挑戦し、活力ある企業を目指します。

■私たちは日々努力を重ね、永続する企業を目指します。

HOSEN

デジタルリスクを解決する社会インフラを創出

株式会社エルテス

会社名	株式会社エルテス
設立	2004年4月
本社	東京都千代田区霞が関3-2-5 霞が関ビル6Ｆ
資本金	762百万円
従業員数	91名
代表取締役社長	菅原　貴弘
事業内容	リスク検知に特化したビッグデータ解析によるソリューションの提供
上場	東証マザーズ

TEL: 03-6550-9280
FAX: 03-6550-9288
https://eltes.co.jp/

株式会社エルテス 代表取締役社長 菅原 貴弘氏

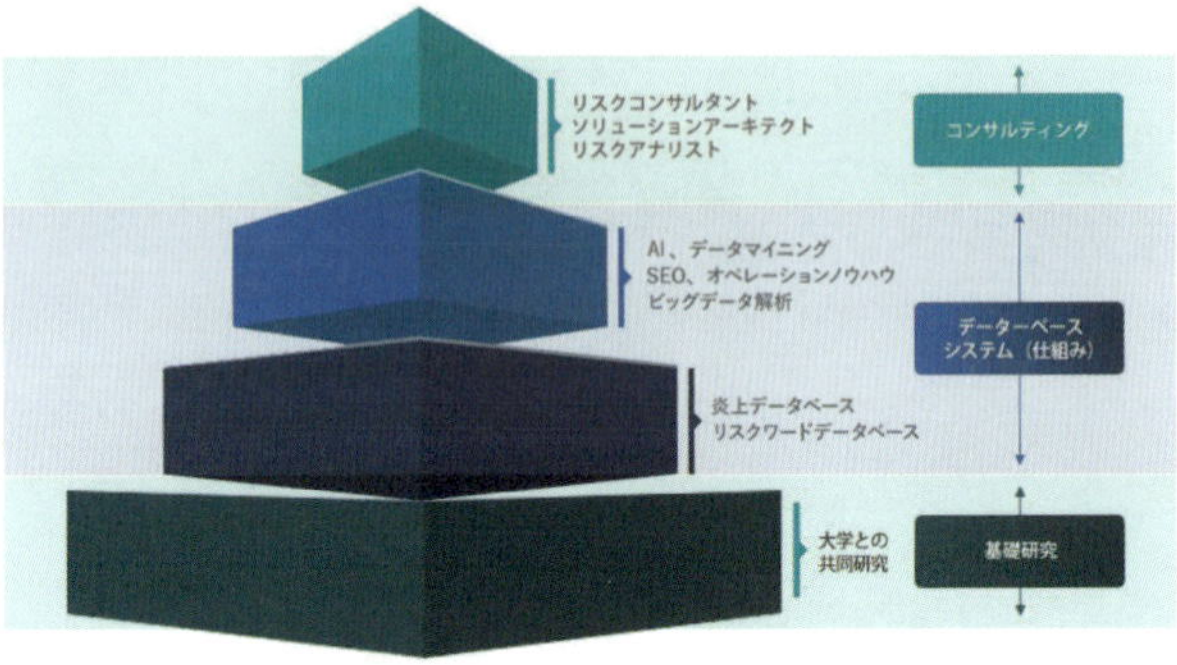

株式会社エステルの事業内容

デジタルリスクマネジメント事業のリーディングカンパニー

株式会社エルテスは2004年、当時東京大学経済学部の学生だった、現代表取締役の菅原貴弘氏が創業した会社だ。2006年からデジタルリスクマネジメント事業を開始し、数々の実績をつみかさねてきた。2016年にはその業績が評価され、東京証券取引所マザーズ市場に上場をはたした、まさに業界のリーディングカンパニーである。

ネット上で、ある会社のいわれのない風評や誹謗中傷が書き込まれることがしばしば起こっている。それによって企業のブランドイメージがダメージを受けたり、店舗閉鎖においこまれたりしてしまう。こうした重大なリスクを予知し、その有効な対応策を提案しているのが株式会社エルテスである。

ソーシャルメディアを24時間365日モニタリングして、危険な情報を検知し、対策を提案している。モニタリングは人間の目視が不可欠であるが、株式会社エルテスが長年蓄積してきたデジタルリスクに関するデータベースやビッグデータ解析技術などのテクノロジーが重要なベースになっている。また危険を予知するとともに対応策を提案する活動はコンサルタント活動そのものであり、顧客一社ごとに専門のコンサルタントが担当しているのもこの会社の強みといえよう。

ソーシャルリスクとインターナルリスク

株式会社エルテスがビジネスの領域にしているリスク分野を大別するとふたつに分類できる。

ひとつ目がソーシャルリスク。

ソーシャルメディア上で発生するリスクをさす。ネット上での投稿が拡散し、ついには炎上を引き起こす。「バイトテロ」や「異物混入」、企業や自治体の広告に関する人種差別や性的表現への批判などがよくマスコミの話題となる。近年は動画や画像をともなう投稿が目立つ。

　こうしたリスクを独自の炎上データベースを活用した検知システムでいちはやく検知し対策を提案している。

ソーシャルリスクと
インターナルリスクに対応している

ふたつ目はインターナルリスク。

企業や組織の内部要因によって引き起こされるリスクで、具体的には従業員が引き起こすさまざまな脅威をさす。

企業はサイバー攻撃など外部からの脅威に対しては対策が進んでいるのに対し、内部脅威への対策が不十分である。情報漏洩の多くは内部の者の不正持ち出しや管理上のミスで起こっている。また炎上、風評・誹謗中傷も内部者が引き起こすケースが多い。株式会社エ

24時間365日の有人目視による検知を重視している

ルテスでは企業内のログデータや管理情報を統合的に解析し、内部からの情報漏洩や不正リスクを検知するサービスをおこなっている。

提供するソリューション①
リスクモニタリング

ネットの炎上の原因はさまざまだ。食品への異物混入や不動産物件の欠陥。営業マンの強引な勧誘や店員の不適切な対応。誇大広告や配慮に欠ける表現など、多くの原因によって炎上につながる書き込みがネット上になされる。

あるいは内部の者によって情報の漏洩（著名人の来店情報・個人情報、未公開情報の写り込み）、不適切な行為（冷蔵庫や食品でふざける）、内部告発（パワハラ、サービス残業等の労務問題）が引き起こされる。

しかし書き込みから炎上までにはタイムラグがあるため、炎上前に察知し適切な対応をとれば炎上を未然に防ぐことができる。

常時ソーシャルメディア上の投稿をモニタリングすることで炎上につながるリスクを事前に察知することが重要という。

モニタリングは24時間３６５日体制の監視とデータ解析技術（ビッグデータ解析・ＡＩテクノロジー）によって実施されている。

株式会社エルテスでは、１２０以上のメディアから収集した関連投稿記事を、４時間に一回以上目視で確認し、24時間３６５日、危険投稿のチェックをおこなっている。システムだけで検知すると検知漏れや誤検知が起こりやすいため、有人目視による検知を重視しているという。

そして危険度の高い投稿が検知されると、企業に緊急通知がなされ、さらにクライシスコンサルティングまで実施している。炎上の可能性、どのような批判をともなう炎上か、拡散の規模や反響などを分析し、適切な対応策を助言している。

モニタリングからコンサルティングまでの、ワンストップのサービスがこの会社の強さの秘密である。

提供するソリューション② 内部脅威検知サービス

企業内部から発生する情報漏洩をはじめ、さまざまなリスクに対応したサービスが株式会社エルテスの内部脅威検知サービス（Internal Risk Intelligence）だ。

このサービスは企業内部のさまざまなログデータから従業員の行動を解析し、異常行動やその動機・可能性・兆候を持つ人物を検知し、重大な事故発生を未然に防止するものである。情報漏洩や不正行為の防止のみならず、従業員のメンタルヘルス改善や離職リスクの低減、ハラスメント防止など労務管理にも活用できるサービスである。

社内に存在するパソコンやサーバ、ネットワークなどの膨大なログデータを相関分析し、単一のデータでは発見不可能なリスクを発見することができるという。

分析のベースには蓄積された行動分析データがある。社内にある、いままで眠っていたログデータから潜んでいるリスクが検知されるのである。

2018年には小売店での内部不正（レジ空打ちによる現金着服、不正ポイント付与など）を検知するシステム「MIHARU」の提供も開始した。

株式会社エルテスでは従業員が業務内外でソーシャルメディアを扱う際のルールやガイドラインの策定や研修もおこなっている。正社員だけでなく、派遣社員やアルバイトなどから問題が発生することも多いため、彼らも含めた研修が求められているという。

さらにソーシャルメディアを安全に利用していくために、学校などで講演も開催している。これは、株式会社エルテスが目指している「デジタルリスクを解決する社会インフラの創出」のための地道な活動のひとつといえよう。

強みは独自のデータベースとビッグデータ解析

この会社の強みとしてあげねばならないのがリスクに特化した独自のデータベースである。「炎上データベース」や「リスクワードデータベース」など、大学との共同研究やビッグデータ収集基盤をベースにして構築してきたものだ。

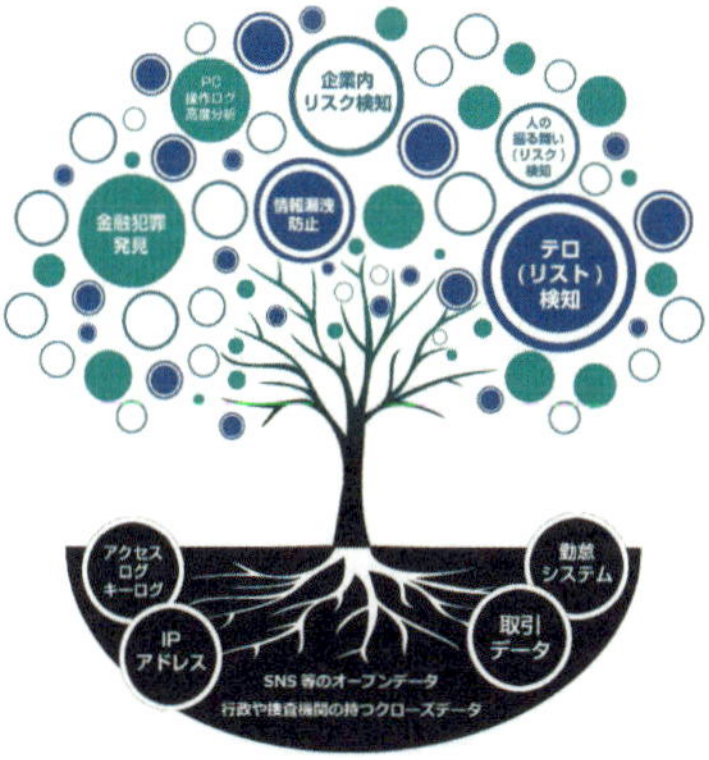

リスクに特化した独自のデータベースが強みとなっている

菅原社長によればリスク検知とビッグデータは極めて親和性があるという。

またデータ上にあらわれる「人の動き」を解析したAIテクノロジー、形態素解析等のデータマイニングによって抽出された結果をコンサルティングに活用している。

大学との共同研究の例としては、記事投稿の判定作業を一部自動化するため、機械学習を用いた言語処理を判定する形態素解析の研究（神戸大学）やソーシャルメディア上の不適切な投稿や危険投稿を監視するため、Web上のロゴマーク・商品の写真等を自動認識する画像解析技術の研究（徳島大学）などがある。

2018年には「電子国家」エストニアの企業と本人認証技術を活用したアプリケーションの

共同開発をスタートさせた。

またそれぞれ得意の分野を持つ有力企業との資本業務提携も活発だ。フィンテック関連や仮想通貨関連のリスク対応サービスを共同開発している。これらの分野は新しいデジタルリスクの領域として今後の新規サービスが期待されている分野だ。

テクノロジーやデバイスの発展にともない次々に生まれてくる、新しいデジタルリスクに対応するソリューションや技術の開発に力をいれている。

エスタブリッシュメント戦略

業務の性格から必然的に求められてくるのが企業としての信用力やガバナンスだ。

現在顧客は日本の大手企業・中堅企業約600社におよぶが、今後は公的機関や政府との取引も拡大することが予想されている。なぜならデジタルリスクは企業の枠にとどまらず、社会全般に広がることが予想され、とくに2020年の東京オリンピック開催で懸念されるテロの脅威、テロ予告、サイバー攻撃などへの対応が緊急な課題となっている。

株式会社エルテスは東証マザーズ上場により大きな社会的信用力をえた。

さらに主要株主をみると、大手広告代理店の電通やＮＴＴ関連企業がみえている。

一方役員には旧大蔵省出身で防衛省防衛審議官を歴任された方や警察庁警備局長を歴任されサミットなどの警備経験をもつ方がみえている。

こうした大手企業の株主と社会的信用の高い役員で固めた体制は、社会的に信用力を増すための有効な戦略として機能している。菅原社長はこれを「エスタブリッシュメント戦略」とよんでいた。そういえば、本社の所在地が「霞が関ビル」であることも計算されたこの戦略のようで、株式会社エルテスのしたたかさがうかがえる。

アントレプレナーシップを持つ人を求める

経営テーマのひとつに「人材の強化」があげられていた。急成長をとげているため人材がおいつかないのが現状のようだ。

現在求めている人材は、営業部門とコンサルティング部門で活躍してくれる優秀な人材

スタイリッシュな株式会社エルテスのエントランス

である。国内に存在している企業の数にくらべ現在の顧客数はほんのひとにぎりだ。ミッションにかかげる「デジタルリスクを解決する社会インフラの創出」を実現するためには顧客数をさらに伸ばすことが重要だ。それを担ってくれる人材を求めている。

また技術関連ではビッグデータ解析やインターネット関連の技術を持った人材を求めている。

どんな方が欲しいのか社長にうかがうと「アントレプレナーシップを持っている人」と即座に答えられた。実は株式会社エルテスからはすでに何人も起業家を輩出していた。人事担当者も「チャレンジ精神のある方」「自らすすんでことにあたる人」といった答えだった。

社内の雰囲気は社長と社員の垣根が低く、風通しの良さがあり、「アントレプレナーシップを持っている人」には働きやすい環境のようだ。

採用では一対一の応対・面接で丁寧に会社のことを伝えている。

またテストでは一般常識と自社で開発した部門別適性テストをおこなっている。

次々に生まれてくるデジタルリスクにたちむかう

新しいテクノロジーは今後も次から次へと開発され利用されていく。その利便性とは裏腹に新しいデジタルリスクが生まれてくる。そのリスクに対する有効なソリューションを用意することが、株式会社エルテスの使命だ。フィンテック関連、仮想通貨関連、ＩｏＴ関連などは直近の課題である。

また２０２０年に迎える東京オリンピックのテロ対策・犯罪予告にも、株式会社エルテスの予兆サービスは有効である。２０１７年にはインテリジェンス能力を有するセキュリティ会社（エルテスセキュリティインテリジェンス）を立ち上げた。ＡＩによる画像解析技術を活用したイベント安全対策サービスをめざしている。

このように、AIテクノロジーやビッグデータ解析を活用し、この社会に存在するさまざまなリスクを予測し防止するサービスを提供することが今後の事業展望であり大きなビジョンといえよう。

菅原社長が困難な創業期を体験したときでも、このビジネスが必ず成長すると確信を持てたのは、あのリーマンショック時でも落ち込むことなく成長していたからだという。

起業家をあまり輩出しないという岩手県生まれの菅原社長は「逆ばり」が好きだという。起業したとき多くの仲間はコミュニティサイトやブログの世界に進んだが、ひとりデジタルリスクサービスを「逆ばり」選択した。大半の東大生は大手企業や役人になったが、「逆ばり」で中退して起業家になった。

上場企業のオーナーになった現在も、次に向かって歩みをすすめている。その道は「デジタルリスクを解決する社会インフラの創出」というとてつもなく壮大な夢につながっている。個々の企業のリスク予知から、広い日本社会に起こりうるリスクの予知にたちむかおうとしている。

会社の理念

■ビジョン

デジタルリスクテクノロジーを通じ、
リスクを解決する社会インフラを創出すること

■ポリシー

1 コンプライアンスの徹底

2 クライアントファースト

3 健全なWEB社会の発展に貢献

eltes

Webの力で新たな労働力を創出し、
より便利な世の中を目指す会社

株式会社うるる

会社名	株式会社うるる
設立	2001年8月
本社	東京都中央区晴海3-12-1 KDX晴海ビル9F
海外拠点	インドネシア　バリ
資本金	945,435,500円
従業員数	108名
代表取締役社長	星　知也
事業内容	クラウドワーカーと企業のマッチングプラットフォームの運営／BPOサービス／CGSサービスなど
上場	東証マザーズ

TEL: 03-6221-3069
FAX: 03-6221-3144
https://www.uluru.biz/

株式会社うるる 代表取締役社長 星 知也氏

クラウドワーカーのチカラを結集させて便利な世の中を目指す

株式会社うるるは、クラウドワーカーと企業のマッチングサービス「シュフティ」の運用をはじめ、様々な企業の業務効率化を支援するBPO（ビジネス・プロセス・アウトソーシング）事業、「シュフティ」に登録しているクラウドワーカーの力を活用したCGS（Crowd Generated Service）事業など、幅広い事業を展開している企業だ。2018年には、日本経済新聞社が選ぶ「NEXT 1000（日本経済の牽引役として期待される中堅上場企業957社）」の中で、「売上高営業利益率が前年度より高く改善した企業ランキング」の第8位に選ばれるなど、飛躍的な成長を遂げている。

そんな同社が描くビジョンは「人のチカラで世界を便利に」すること。Webの発展によって、時間や場所の制限なく働くことができるようになった現代。かつては様々な障壁から働くことを諦めていた主婦やシニア、介護者などが、それぞれのペースで自由に働くことができるようになった。そうした人々の英知やマンパワーを最大限活用できる仕組みをつくり、今までなかった便利なサービスを世の中に提供することが、同社のビジョンだという。創業の経緯について、同社の星知也代表取締役社長は次のように語ってくれた。

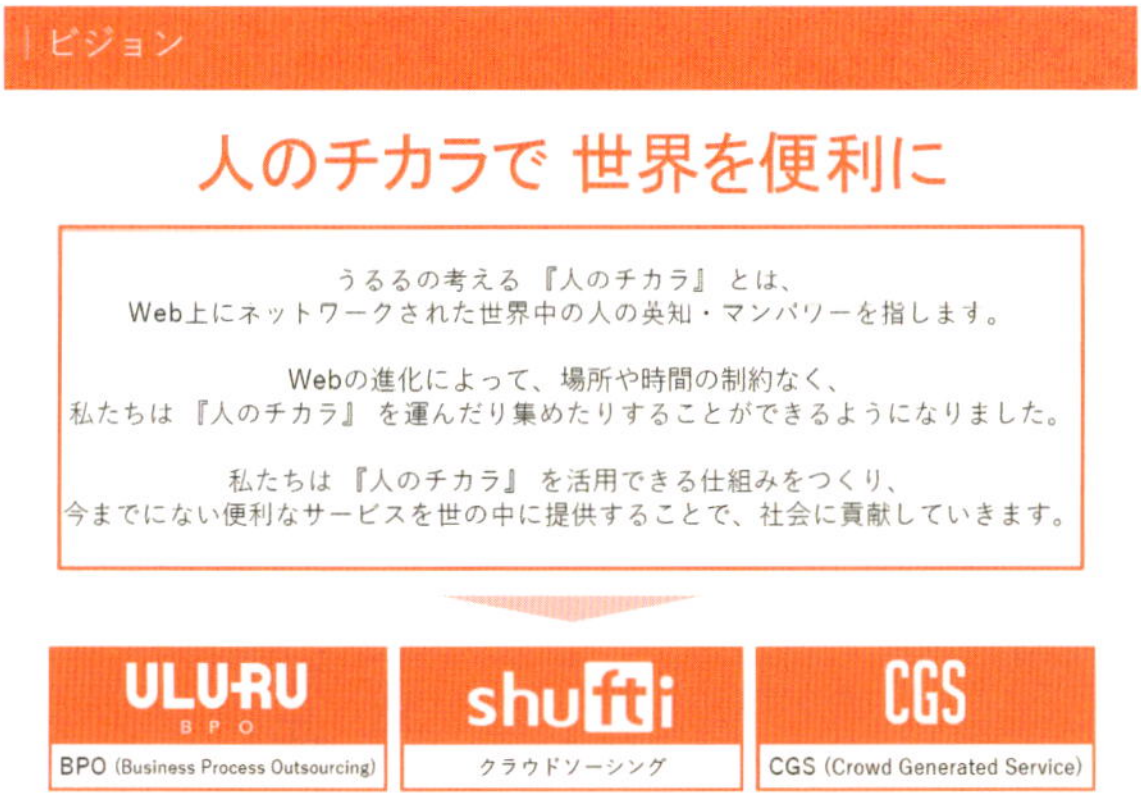
ビジョン
人のチカラで 世界を便利に
うるるの考える『人のチカラ』とは、
Web上にネットワークされた世界中の人の英知・マンパワーを指します。
Webの進化によって、場所や時間の制約なく、
私たちは『人のチカラ』を運んだり集めたりすることができるようになりました。
私たちは『人のチカラ』を活用できる仕組みをつくり、
今までにない便利なサービスを世の中に提供することで、社会に貢献していきます。
ULU-RU
BPO
BPO (Business Process Outsourcing)
shufti
クラウドソーシング
CGS
CGS (Crowd Generated Service)

うるるの事業内容

「私たちが創業した頃、世の中では『２００７年問題』が騒がれていました。１９４７年をピークとする戦後のベビーブームに生まれた団塊の世代が大量に定年退職を迎えるとあって、労働力が急激にダウンすることが危惧されていたのです。時を同じくして、世の中ではブロードバンドの普及が加速していました。そこで私たちが着目したのが、『クラウドワーク』でした。時間や場所の制約がないＷｅｂを活用すれば、これまで働くことを諦めていた多くの方々に仕事を提供でき、新たな労働力が創出できると考えたのです」

様々なビジネスを展開している同社だが、その全てに共通するのは、同社のビジョンを体現するものであるということだ。そんな同社の３

大事業、①BPO事業、②クラウドソーシング事業、③CGS事業について、以下で紹介しよう。

企業のノンコア業務を請け負うBPO事業でビジネスの効率化を支援

同社が創業期から担っている事業が、データ入力やスキャニングを代行するBPO（Business Process Outsourcing）事業である。たとえば、企業が実施したアンケートの回答入力を行ったり、販促キャンペーンの事務局を代行して懸賞の商品の発送リストを作成し、発送まで一貫して行ったりと、様々な案件に対応している。

かつてはそれらの業務を全てクラウドワーカーに発注していた同社だったが、近年ではサービスの拡大に伴い、海外子会社やパートナー企業と連携しながらプロジェクトを進めている。当初はデータ入力やスキャニングだけに留まっていた受注案件も、現在では文書管理サービスから電子化ソリューション、バックオフィス支援などまで多岐にわたり、取引企業数は4000社以上、取り扱い案件数は約200000件に及ぶ（2018年7月現在）という。2014年にはこれらのBPO事業を分社化。現在、「株式会社うるるBPO」として顧客企業の合理化と効率化をゴールに、様々なサービスとソリューションを提供している。また直近では、RPA（Robotic Process Automation）をクライアントが導入する際に発生する作業を請け負う「BPO for RPA」など、時流に乗ったサービスラインナップも増やしている。こうしたBPOサービスのニーズが高まり、主力事業として成長を続けている。しかし、星社長は次のようにその仕組みを発展させることを考えたという。

「BPO事業は、弊社が請け負った業務をクラウドワーカーに発注する形になります。しかしこの仕組みだと、弊社が請け負える限りの案件しか受注することができません。弊社で受注できる案件にはどうしても数に限りがあります。そこで、より多くの案件をより多くのクラウドワーカーに提供すべく、企業とクラウドワーカーを直接結ぶサービスをつくろうと考え、生まれたのが、2007年に運営を開始したクラウドワーカーと企業のマッチングサービス『シュフティ』です」

38万人のクラウドワーカーと1700O社の企業を結びつけるマッチングサイト

2007年から運営を開始したクラウドソーシングサービス「シュフティ」。シュフティは仕事を依頼したい企業とクラウドワーカーをマッチングするサービスである。秀逸なサービス内容が多くの支持を集め、同社の基幹サービスとして登録者数を伸ばし続けている。

データ入力や文字起こしといった事務作業から、ライティングや翻訳、Webデザインといった専門知識が必要なものまで、幅広い案件の取り扱いがある。子どもが小さかったり、家族の中に介護が必要な人がいたりして外に働きに出られない人、平日の夜や土日にダブルワークをしたい人などを中心に、全国各地の様々な方がクラウドワーカーとして登録中。時間や場所にとらわれず、自分のペースで仕事ができるとあって、登録者数は38万人を超える。企業にとっても、案件ごとに発生する仕事報酬のみを支払えば、固定の人件費がかからないというメリットがある。たとえば100人の労働力が必要となった際、アルバイトや派遣社員を雇うとなると、100人分の採用費から100人分の座席、100人分のパソコンに、100人分の労務管理が必要となり、膨大なコストと手間がかかることになる。しかし同じ作業を100人のクラウドワーカーに頼むことができれば、これらのコストを圧縮することができるのだ。

クラウドワーカーのチカラが最大限に発揮できる事業を展開

同社では、シュフティの運用のみならず、自社でも、クラウドワーカーを活用した新たなサービスを提供しようと考える。そうして生まれたのがCGS（Crowd Generated Service）と名付けられた事業だ。同社では、Web上にネットワークされた世界中の人の英知・マンパワーを活用した新しいサービスを次々に生み出している。

その代表例が、「入札情報速報サービス NJSS（エヌジェス）」だ。これは、入札への参加を検討している企業に向けて、全国約8000の官公庁や自治体などから公示されるシステム開発や広告宣伝、アウトソーシングや建設などの入札情報を年間100万件以上配信するシステムである。

シュフティに登録しているクラウドワーカーが日々、官公庁や自治体などから発表される入札情報をデータ入力することで成り立っているサービスで、同社の強みを最大限活かしたビジネスとなっている。全国のあらゆる入札情報を、逐一調べる手間が減ることに加え、プランによっては過去の落札実績を分析することもできるため、落札の戦略を立てることも可能。企業から絶大な支持を得ており、現在、同社の主力事業となっている。

また、幼稚園や保育園向けの写真販売サービス「えんフォト」も同社が現在力を入れているCGS事業のひとつ。これまで、幼稚園や保育園で撮影した写真を販売するためには、幼稚園の先生や保育士の労力が非常にかかっていた。まず全ての写真を園内の掲示板に掲示し、各保護者から必要な写真と枚数をヒアリング。現像した写真やデータを各家庭用に仕分けし、それぞれの保護者に配布するという流れが一般的だからだ。しかし「えんフォト」を活用すれば、アップロードされた写真の中から保護者がパソコンやスマートフォンを使って写真を見て選び、購入することが可能。幼稚園の先生や保育士の手を介する必要がないため、大幅に負担を減らすことができるのだ。さらに、クラウドワーカーをカメラマンとして派遣するサービスも行っている。

ほかにも、タブレットに記載した手書きの文字を瞬時にデジタル化する「KAMIMAGE（カミメージ）」や、全国の空き家をクラウドワーカーによって集約可能な「空き家活用ポータル」、クラウドワーカーを活用したコールサービス「フレックスコール」など、同社のCGS事業は様々。今後さらにサービスを増やしていく予定で、同社のビジョン、「人のチカラで世界を便利に」実現に向けて、日々進化を続けている。

星社長は、同社のCGS事業について、次のように語ってくれた。

「弊社はCGS事業を、『クラウドワーカーが働ける土台づくり』と捉えています。弊社のCGS事業のサービスはいずれも、クラウドの先にいる多くの方々の力がなければ形にならないものです。そしてそうしたクラウドワーカーの皆さんのマンパワーを結集させて、便利な世の中を目指すというもの。弊社のビジョン、『人のチカラで世界を便利に』実現のためにはCGS事業の発展が欠かせないと考えております」

社員に求める条件はひとつ「うるるのスピリット」の体現ができること

成長を続ける株式会社うるる。そんな同社が何よりも力を入れているのが人材採用・育成だという。同社が募集する職種は大きくふたつにわけられる。ひとつ目が総合職。営業職や、Webディレクター、プロモーション、集客などを担うマーケティング職、クラウドワーカーの管理や育成、納品物のチェックや評価などを行うディレクションチームが含まれる。ふたつ目がエンジニア職だ。

ただし同社が社員に求める条件は、いずれの職種にも共通している。それは「理念・ビジョンに共感をし、『うるるのスピリット』を体現し、浸透させていく人」ということだ。同社の理念は「世界に期待され応援される企業であれ」。そして、ビジョンは先述した「人のチカラで世界を便利に」である。同社では理念・ビジョン（すなわち、会社がこれから向かう先）を達成するために持つべき価値観・行動指針として「うるるのスピリット」という5か条を用意しているのだ。

「うるるのスピリット」の5か条は次の通りだ。①うそをつかない、悪いことをしない②会社はホーム、社員はファミリー　③相手の期待を超える「おもてなし」　④当事者意識を持って、納得して働く　⑤ベンチャースピリットを持ち、成長し続ける。同社では人材のミスマッチを防ぐため、応募者がうるるのスピリットを持ち合わせるかどうか、面接で徹底的に確認をするという。人事本部の小林伸輔取締役に同社の面接試験についてうかがった。

「弊社の面接では、候補者に対して行動面接を実施しています。質問を繰り返し、その候補者の方が過去に『うるるのスピリット』に基づいた行動をしてきたか否かを見ていきます。その方は今までどんな夢・目標に向かってどのように行動してきたのか、その目標と現状との差分をどのように分析し、どういった対策をとってきたのか――。こういったことを複数の質問によって導きだすのです。そうすればその候補者の方が『うるるのスピリット』の④番、『当事者意識を持って働ける人』かどうかがわかる、というわけです」

過去の実績からも、この「うるるのスピリット」に共感して入社した社員とはミスマッチが起こりにくいことが証明されているという。なお「うるるのスピリット」の⑤番にもあるように、同社ではベンチャースピリットを持ち、常に新しいことに挑戦しようとする姿勢を重要視している。チャレンジした結果の失敗は肯定的に受け止められる文化があるため、失敗に終わったプロジェクトを土下座したアイコンとともに視覚化し、〝勲章〟にしていたこともあるという。失敗を恐れずに主体的にチャレンジをし、成長意欲の高い人にとっては、大きなやりがいと成長機会が得られる環境といえる。

一緒に働く社員は「家族」
社員同士の交流を盛んに行い働きやすい職場をつくる

株式会社うるるが大切にしている「うるるのスピリット」。小林取締役にさらにお話をうかがうと、同社の和やかな社風の背景にも「うるるのスピリット」があることがわかった。それは「うるるのスピリット」の②番、「会社はホーム、社員はファミリー」である。

「弊社の社員にドライな関係性はありえません。『うるるのスピリット』にもある通り、家族のように互いを信頼しあい、あうんの呼吸で働くことを大事にしているからです」

オフィスに卓球台が備わったコミュニケーションスペースを設けたり、社員同士の交流を目的とするバーベキュー大会を行ったりと、社員同士のコミュニケーションを活性化させるための取り組みを絶えず行っているため、同社では社員同士のつながりが非常に強いという。

ここで思い出されるのが、星社長にうかがった社名・「うるる」の由来だ。同社の社名は「地球のへそ」とも呼ばれるオーストラリアの巨大な岩石・ウルル（エアーズ・ロック）に由来する。かつて星社長がこの地を旅した際、共に旅をしていた仲間たちと感動を共有でき

ベンチャースピリットを持つ社員たち

たことがうれしかったのだという。その時と同じように、共に働く仲間と様々な感動を共有していきたい――、喜びは一緒に喜ぶことで倍増させ、ネガティブな感情は半減させていきたいという思いが、社名にこめられているのだ。同社の社員同士の絆はまさに、星社長が社名にこめた思いを体現しているといえるだろう。

また、組織の現状を可視化し、社員の満足度向上と業績向上を目的とした「エンゲージメント向上委員会」を２０１８年設立した。社長以下、立候補制で手を挙げた社員、そしてそれを仕切る総務人事部長がメンバー。組織改善プラットフォームのＷＥＶＯＸを用いて、月１回アンケートを実施、そのスコアを分析しすばやく組織の問題に対処している。「毎月、健康診断を行い、病気になる前に予防をしている感じです」と小林取締役は語っていた。

ビジョンの実現を目指し CGS事業の拡大とさらなる活性化をはかる

最後に星社長にうかがったのは、同社の今後の展望だ。

「弊社のビジョン『人のチカラで世界を便利に』の実現に向けて、さらにCGS事業を盛り上げていきたいと考えています。もっと新しいサービスを生み出していきたいし、既存のCGS事業もより活性化させたいです。また、既存のデータと人工知能（AI）を組み合わせた新たな取り組みについても考えているところです。たとえば、「入札情報速報サービス NJSS」では、今まで蓄積してきたデータとAIを的確に組み合わせることで、より新たな価値を顧客に提供できると考えております」

明確なビジョンを持ち、歩みを続ける株式会社うるる。ビジョン実現に向け、今後も止まらぬ成長を続けるに違いない。

会社の理念

■世界に期待され応援される企業であれ

企業ビジョン

■人のチカラで世界を便利に

うるるのスピリット

■うそをつかない、悪いことをしない

■会社はホーム、社員はファミリー

■相手の期待を超える「おもてなし」

■当事者意識を持って、納得して働く

■ベンチャースピリットを持ち、成長し続ける

ULURU

#「真の意味」で社会のニーズに応える企業

株式会社翔栄クリエイト

会社名	株式会社翔栄クリエイト
設立	1997年8月
本社	東京都 新宿区西新宿1-8-1 新宿ビルディング 1F
資本金	1億円
従業員数	75名(グループ全体90名)
代表取締役	宇佐神　慎
事業内容	クリーンエネルギー事業/オフィスコンサル・デザイン事業/電気工事設計施工・建築設計施工事業/経営陣向けWeb活用研修事業/安心安全な食の店舗事業/アグリ事業など

TEL: 03-6894-2211
FAX: 03-6894-2212
http://syouei-corp.net

株式会社翔栄クリエイト 代表取締役 宇佐神 慎氏

本職は牧師、異例の社長

夢を追って自分のために起業する人は多い。だが、宇佐神慎氏はそうではなかった。株式会社翔栄クリエイトの起業のきっかけは勤務先の負債を返済するためであり、取引先の信頼に応えるためだったのだ。

そんな宇佐神氏は、『牧師兼経営者』という異例の肩書きを持つ。牧師になったのは6年前でまだ最近ではあるが、中学時代から聖書を読み、その実践の学びを社会という荒波で約30年間受け、「やっと今、未熟ながらも牧師として立っている」と宇佐神氏は言う。

大学時代、人のためになる職業を求めて福祉を専攻したが、その実習現場で感じたのは、福祉の制度や仕組みによって心不在の形だけのケアが生み出されやすいことだった。そこで卒業後、自分の心の成長を求めて牧師になる学校へ編入した。ところがそこは頭だけの学びで、卒業後はみんな牧師になって、すぐに先生と呼ばれるのだ。聖書には実践が、そして謙虚になる道が書いてある。ところがそのまま牧師になれば、自分で経験していないことでもできるつもりになって、能書きだけを言う生臭牧師になってしまう。こう思った宇佐神氏は、聖書に『神は愛する者を訓練する』と書いてある言葉に従って、「神様、僕を訓練して下さい」と叫んだ。すると導かれるように入社することになったのが、名も無いビジネスフォン販売会社だった。日々飛び込み営業で、顧客も仕入先も開拓。ダントツの売上を上げると、社長は事業所を1拠点から13拠点にまで拡大。この膨大な経費が経営を圧迫し、仕入先への支払いが滞り、入社10年目には会社は破綻寸前となっていた。そこで宇佐神氏は、仕入先への未払金を肩代わりする目的で株式会社翔栄システム（現：株式会社翔栄クリエイト）を設立。また、顧客の電気会社が倒産し、その社長を借金ごと雇用したことも重なって、負債総額は2億6千万円にも膨らんだ。

社長の思いがこもった社名と企業理念

社名である『翔栄クリエイト』の『翔栄』には宇佐神氏の思いがこもっている。『翔』という字は『羊』に『羽』と書く。人はよく羊に例えられるが、私達は羊同様、近眼で目先の草（欲や利益）しか目に入らず、迷える子羊になりやすい。この『羊』に『羽』が生えると、「天から全体を見て、相手の立場になって行動でき、共に栄える」というのだ。

そんな宇佐神氏は、『受けるより与えるほうが幸いである』との聖書の言葉を実践し、これによって共に栄えるのでなければ本物ではないと、「自社の利益よりも、まずお客様のための企業」という理念を設立当初から掲げ、この企業理念を貫いている。

《翔栄クリエイトの3つの企業理念》

・正直で、常に社会に必要とされる企業である
・真の意味で、時代のニーズに応えうる事業を行う
・人としての成長と職務上のクオリティを限りなく追求する

一見、他の企業にもありそうな理念ではあるが、同社の理念はひと味違う。

まず、最初の理念だが、『正直』で始まる。これはバカがつくほどの正直さだ。自社に責任が無くても、顧客の不利益が少しでもあれば報告するし、請けた仕事は赤字でも完成させる。そうして経営を圧迫することもあった。しかしその姿勢が顧客にも協力業者にも信頼を得ることに繋がっている。社員は、隠したりごまかしたりすれば叱られるが、『正直』に報告すれば叱られず、責任は会社が取る。「動けば人は失敗するし、失敗は成功の基だ」

と宇佐神氏は言う。社員にとっては、営業ノルマもなく、お客様の方を向いて全力を尽くせばいいのだから、これほど気持ちよく仕事ができる企業もないだろう。

2番目の理念は、『真の意味で、時代のニーズに応えうる事業を行う』だが、これは一般的な『ニーズ』とは異なる。通常は、『流行り』等を指すだろうが、『真の意味でのニーズ』は〝人を活かすニーズ〟で、これは人には理解されにくい。事実、同社が「業績を上げるオフィスデザイン」をスタートさせた当初は、オフィスデザインとは利益が出た会社がするもので、それ自体が業績に繋がるものとは思われていなかった。しかし現在では、オフィスデザインが第五の経営資源と言われるまでに市民権を得ている。翔栄クリエイトが展開する他の事業も一見、一貫性のないように見えるが、実は『真の意味でのニーズ』においてしっかり筋が通っている。同社の全事業が、今の時代に人を活かすために必要不可欠で、今後更に悪化するであろう国際関係や異常気象にも対応している。具体的には、住環境やエネルギー系の3事業、食の安全や防災系の4事業、これにWeb戦略教育事業を加え、計8事業だ。そしてこれらの事業は、これからの激変と困難な時代に、『人を活かす』という点で関連し合い補い合っている。

そして3つ目の理念だが、ポイントは『人としての成長』だ。これはスキルなど外側の成

社員は『20の行動指針』を常にチェックして内面を直視することで良心に従い、自然体で清々しく顧客のために役立つようにしている

長ではなく、内面の成長を指す。人は成長してこそ、気負わず自然体で顧客を思い、真のクオリティを提供できるからだ。これは立派になって偉くなろうとする道ではなく、弱さを知って謙虚になる道だ。自分の内面を直視し、心を繊細に管理しだすと、ちっぽけな『良心』の存在に気付く。この『良心』を常に意識しだすと、心の中の葛藤（自分勝手な『欲』と『良心』の戦い）が見えてくる。そして『良心』に従おうと意識すると、『欲』は更に狡猾な手で『良心』を欺く。『欲』は名誉など、自分のための動機を隠し、あたかも相手のためを装って、偽善的行為を行わせ、『良心』を追い出し、心を支配する。しかし『良心』が勝てた時には言いようのない清々しさを経験する。こうして徐々に『良心が成長』すれば、『欲』

を治められることを学んでいく。

翔栄クリエイトでは、この3つの理念を柱として、社員向けの『20の行動指針』も設けている（180ページ参照）。だがこの行動指針は、表面的にこのように行動しろというものではなく、個々の社員が『良心』に従って行動しているかどうかのチェックのための指針だ。政治でも企業でも学校でも、世の中の不祥事は絶えない。外側を取り繕おうとするからだ。しかし同社は、常に個々の社員が自分の内面をチェックすることで『良心』に従い、おのずと自然体で清々しく、顧客のために役立つ企業となることを目指している。

借金を返済し、『翔栄クリエイト』始動

莫大な借金を抱えてスタートした宇佐神氏であったが、設立7年目には返済の目途が立った。そのタイミングで社名を『翔栄システム』から『翔栄クリエイト』へ変更し、主たる事業を『業績を上げるオフィスデザイン』へ切り替えた。

20の行動指針

1
感情的ながら、噴火をコントロールできる人
仕事に熱くなれて、相手の為に感情をコントロールでき、真に相手を思いやれる人

2
しっかり利益を取り、利益以上のメリットを提供する人
真にお客様を思うなら、十分アフターできる利益を取り、責任を果たす

3
ダメと言わない人。ダメと言える人
やれる方法を考えられる人。八方美人でなく、公平公正をもって判断し、断る勇気がある人

4
コロコロ変わらない人、コロコロ変える勇気がある人
目先の損得を追わない人。計画やしがらみに振り回されない人。本質を貫く人

5
超常識人
国や時代で常識は変わる。万人が一様に思う事に疑問を持ち、常に全体を見て当を得た決断をし、反対も恐れない

6
素直な人
考えるのと実行するのでは大違い。とにかく行動してこそ、味も痛みも、実力も間違いも、言われた真意も分かるもの

7
今している事の意味を判っている人
手段と目的を取り違えない。手段の為の手段は論外。目的にさえ、更に真の目的がある

8
ごめんなさいが言える人
逃げず、隠さず、誤魔化さず、正直な人。恥は一時、清々しさと後ろめたさは永遠。自分に正直であれ

9
失敗した時やとっさの時に、先ず周りの心配や気遣いができる人
自己保身に走らず、常に他人に気を配り、犠牲を払える人

10
マニュアル人間でない人
マニュアルの背景と真の意味を理解し、マニュアルを外れた行動をしてでもマニュアルの真髄

を行う人

11 上司の真意を聴けて、上司をコントロールする人

上司の真意を察し、確認しながら目的と期限の責任をとり、上司を動かす人

12 「報連相は部下から」を徹底する人

「どうなった?」と上司に言わせない。上司の時間を要領よく貰い、中間報告しつつ方向修正

13 自分の考えではなく、企業理念等を基準に行動できる人

ベクトルの一致が最重要。個人の善悪正誤の基準でなく一致が大事

14 仕事は何をするかより誰とするか。人は信じても事は信じない人

人は失敗するもの。相手は信じても事は疑い常にダブルチェック

15 結果よりも動機を大事にする人

失敗と思える結果が出ても、それはまだ過程。判断するのはまだ早い。重要なのは動機です!

16 常に反省しまくっているが、いつも明るく元気な人

一寸の失敗でも何が悪かったか反芻するが、してしまった事では落ち込まない

17 常に感性と論理の二面から立案・変更可能な人

常にこの両面で検証し、環境・状況の変化に応じて更に検証変更できる人

18 相手の腹(動機)を見ることができる人

相手も気付いていない真意を察し、表情・仕草・声等間接直接の方法で確認できる人

19 赦す人。つまり、何ものにも囚われない人

赦すことは忘れる事ではなく、出来事や相手を肯定し、すべてを委ねて感謝できる人

20 腹で即決、逃げずに最後まで責任を取り続けられる人

常に決断の心備えが出来ていて、忍耐の上に尚忍耐。社長をやれる人

この新事業の立ち上げは、前社での経験による発想だ。営業時代のお客様企業が幾つも潰れていったのがきっかけだ。それらの会社は、真面目で技術もあり、しっかりした考えのもとに経営している会社が多かったが、訪れたオフィスからはその想いや強みがまったく伝わってこない。その魅力やよい部分がオフィスを見て伝わってくれば、共感する人も集まり、繁栄していただろうに、と宇佐神氏は思ったという。人もオフィスも第一印象が大事だ。これで付き合いたいかどうかが決まってしまう。人にもその人に合った化粧や身だしなみが大事なように、オフィスにも中身を表すオフィスデザインが必要なのだ。重要なのは中身、オフィスというよりも、企業自体をデザインする仕事だ。企業の現状を整理して、あるべき姿を構築して、これを一見してイメージできる空間に落とし込むのだ。企業の将来や社長のビジョンを、2~3年後の姿を創って社内外に示せば、社員はその気になって自走し、お客様にも信頼される。百聞は一見に如かず。将来のあるべき姿を今に持ってくることが、業績向上の近道なのだ。

また翔栄クリエイトは、経営陣向けWeb活用研修事業も立ち上げた。IT普及率が8割を超えている昨今、Web戦略は極めて重要で、これは本来外注に任せられないものだ。同社においては、オフィスデザイン事業以外のWebサイト制作を外注で行っていたため、説明しても伝わらないばかりか、やっと出来上がったと思ったら、外注先が潰れてしまう、等々……問題は大きかった。しかし、このＷｅｂ戦略は、自社の経営陣が監修し、Ｗｅｂ担当者が行えば、何倍もの結果に繋がるのである。

これからの社会、真のニーズは再生可能エネルギーと安心安全な食の提供

そして今、再生可能エネルギーも不可欠だ。翔栄クリエイトは太陽光・バイオマス・風力発電所の建設にも取り組んでいる。火力発電が全体の80％を占め、ＣＯ２排出をし続けている日本においては無くてはならない事業だ。特に太陽光発電では、同社は18年前から実績があり、メリットとリスクを考慮した長期目線での提案ができるのが強みだ。

また今後は、健康問題も重要だ。宇佐神氏も身体をひどく壊した経験があり、そこからプライベートジム『ビセットフィット』や安心・安全にこだわった食の店『ビセットプラザ』をスタートさせた。『ビセットプラザ』の主力商品であるコールドプレスジュースは、普通

の人が飲めなくては意味がないと、他社の半額程度で提供している。またアグリ事業も立ち上げた。それは、病気になる食材を世の中から無くしたいからだ。自宅で食べる作物は無農薬、出荷するものには農薬を使うという農家も多いという。これは、農薬の怖さを知っているからだ。同社は自分で食べたくない食材食品は出荷しない。まずは、固定種の種を無農薬で栽培し始めている。また、異常気象への対応として植物工場も検討。遺伝子組換え飼料を与えない畜産、養鶏、養殖等の段取りもはじめている。これらの事業はまだまだ赤字だが、人を活かす真のニーズに、結果も付いてくると信じ、かまわずやっていく方針だ。

人のために成長できる企業

通常の企業とはひと味違う翔栄クリエイトだが、その分、新入社員は戸惑うという。特に中途採用者は、他の企業との違いに驚く。しかし、何を求められているかが分かれば、これほど働きやすい会社はないと言う。失敗しても正直で一生懸命、動機がよければ叱られない。営業のノルマも無い。これで成り立つのは、社員が企業理念の本質を理解し、顧客のために一致して、自然体で一生懸命だからだろう。

同社の言う『人としての成長』とは、努力して頑張って『外側のスキルなど』を付ける道ではない。自分の弱さを知り、内面の動機などを厳しくチェックし、他者には同じ弱さを持つ者として思いやりを持つという『人としての内面の成長』だ。だから同社においては欠点があって当たり前だし、評価は自分の克服分野を上司と確認し、クリアする人ほど高くなる。これは宇佐神氏の「人の価値はタイトルやスキルという外側に付けたものにはよらず、正直で公平公正誠実という内面の人格による」また「人を相対的に比べて評価することなどできない」との考えによる。これが翔栄クリエイトなのだ。

成長する社員に応える会社を

前述のとおり成長を目指す社員に、会社のサポートも手厚い。例えば、フレキシブルな仕事形態の導入。遅めの時間に顧客に会う場合、遅めの出勤にずらすこともできるという。

また、中抜けできる「真ん中有休」や家庭の事情に合わせた時短勤務、男性の育休も実際に

成長する社員に、フレキシブルな仕事形態、真ん中休暇、就業時間の針灸・マッサージなど手厚いサポートがある

行っている。更に魅力的なのは、就業時間中に鍼治療やマッサージを受けられ、系列のトレーニングジムにも行けるのだ。これは「疲れている時は、ギュっと休んだ方が生産性が上がる」という宇佐神氏の想いから生まれたものだ。そして極めつけが『旅行休暇制度』だ。年に1回、連続9日間の旅行休暇を取得でき、その旅費や食費まで、勤続年数に応じて会社から補助されるのだ。他にも体によいコールドプレスジュースの自販機があったり、酵素玄米ご飯の無償提供など、福利は手厚い。

仕組みや制度で会社を経営するのではなく、自然体でいながら人のために行動できるように成長する社員に応えるべく、宇佐神氏は翔栄クリエイトをデザインしているのだ。

会社の理念

■正直で、常に社会に必要とされる企業である

■真の意味で、時代のニーズに応えうる事業を行う

■人としての成長と職務上のクオリティを限りなく追求する

SYOUEI
CREATE

シスココンサルティング株式会社 代表取締役社長 大井 広行氏

ＥＲＰコンサルティングサービスが主力事業

シスココンサルティング株式会社は２００１年設立のＥＲＰコンサルティング企業だ。従業員数は現在50名と少数だが、大手優良企業を中心に、ＥＲＰコンサルティングサービスなどを行っている成長企業である。

ＥＲＰとはEnterprise Resources Planningの略。企業経営の基本である資源（ヒト・モノ・カネ・情報）を適切に分配し、有効に活用する計画で、経営を効率的に行うための考え方であった。この考え方がＩＴ技術と結びつき、企業の各部門に存在する情報を、一元的に管理する「基幹系情報システム」をさすようになった。企業にはさまざまな部門があり、それぞれが部門を管理するシステムをもっている。営業・販売部門、経理・財務部門、在庫、物流、購買、人事などがかつてはバラバラのシステムで運用されていた。このすべての業務、部門に横串を通し、部門間でシームレスなデータ連携を可能にするのがＥＲＰである。その結果、リアルタイムに経営の情報が把握可能となり、有効な経営戦略・戦術の立案・実行が可能となった。

ＥＲＰにはさまざまなパッケージソフトが開発されているが有名なものにはＳＡＰ、オラクルなどがある。シスココンサルティング株式会社ではSAPの導入コンサルティングサービスが主軸である。ERPは新規導入時、さまざまな課題が企業ごとに発生する。さらに導入後もバージョンアップや機能拡張など運用のサポートが不可欠となる。シスココンサルティング株式会社は新規導入から稼働、運用までをコンサルティングし、あるいは技術対応を行っている会社である。各業界で先頭集団を走り続ける企業ならではの、ノウハウが凝縮された業務を精緻に理解し、適切なソリューションやシステムを提供している背景には、創業以来蓄積されてきたERPの実績と高い技術力がある。

三つの強みのコンサルティングサービス

シスココンサルティング（株）のコンサルティングには三つの領域がある。

中心事業はERPコンサルティングだが、その延長線上に「ビジネスソリューション」「デジタルマーケティング」がある。ERPコンサルティングはすでに述べたように、ERPの新規導入から始まり、バージョンアップ、Add-on開発、導入後の運用とメンテナンス

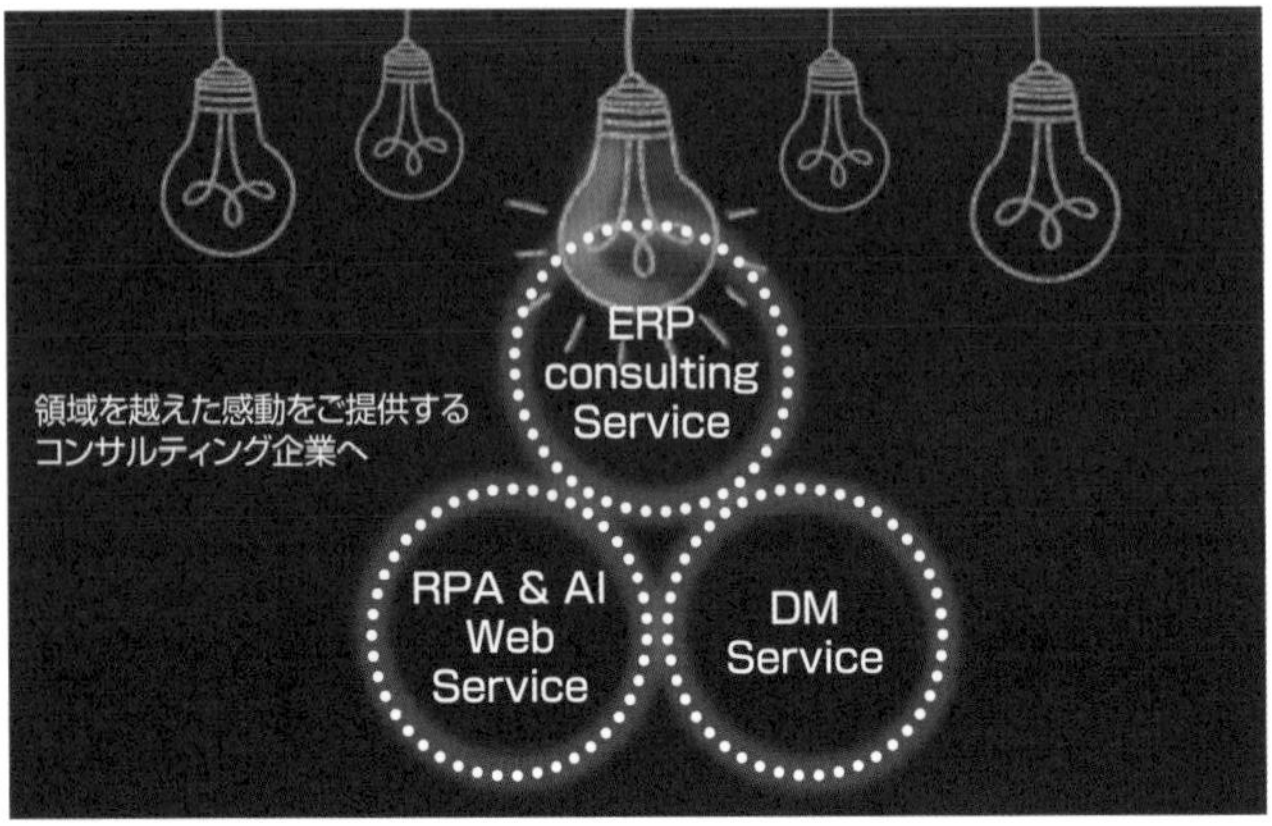

お客様の業務を支援する業務コンサルティングサービス

までお客様のニーズに合わせてソリューションとして提供している。大手ベンダーとチームを組んだり、直接エンドユーザーにコンサルティングを行ったりしている。

また近年は日本企業の海外進出の増加にともない、グローバル化コンサルティングサービスに注力し、企業の海外進出のサポートも行っている。

二番目の領域は「ビジネスソリューション」（BSS）である。顧客がかかえる、ERPだけでは解決できないさまざまな課題に対応し、IT技術を活用し、独自の業務システムの開発を行う等のソリューションを提供している。オープン系基盤による業務システム開発やERPと連携した独自システムの開発にあたっている。この事業を通じＡＩやＩｏＴなど新技術を活用したソリューションの開発を目指している。

三番目は、ＳＮＳやＥＣなどの普及やモバイル端末の進化が著しい新しいデジタル社会に対応したマーケティングサービスの領域である。従来のコンテンツでは受け手であるユーザーや対象者に対し有効な効果をもたらさない。新しい発想や手法を使い時代にふさわしいコンテンツやマーケティングを提案しようというのがこの分野である。Ｗｅｂデザインからキャンペーン設計、コンテンツ制作などのコミュニケーションデザインを提供している。特にスマートフォンのサイト設計、アプリ制作から市場調査などマーケティングデータの提供やビッグデータ解析など幅広いサービスを提供している。

さらに最近は定型業務の自動化を実現する「ＲＰＡ（Robotic Process Automation）」に対しても、新たなコンサルティング領域として捉え、事業化を加速させている。働き方改革の方針にも合致するＲＰＡビジネスは、ＡＩ、ＩｏＴの進化とともに、確実にニーズが拡大・浸透していくだろう。今後の知識社会では、「社会をより良い方向へ変えてゆくアイデア」を生み出すために、常に新しい発想が求められるが、同社はイノベーションを起こすためのアプローチとして「デザイン思考」に着目しており、この思考を体得し経験を積み重ねていく中で、お客さまとの信頼関係を一層深めたいとの事であった。

「クレド経営」を実践して成長する

「クレド経営」を実践しているのもこの会社の大きな特徴といえる。人が財産であるコンサルティング会社ならではの経営といえよう。「クレド」とはそもそもラテン語で「約束」「信条」という意味。従業員が心がけるべき企業の信条、あるいは企業が掲げる「行動指針」「行動規範」「価値観」などをさしている。

「企業理念」「経営理念」「ミッション」といった類似の概念があるが、それらとも違ったものである。大きな違いは「クレド」に記された条項を、社員も経営者もひとりひとり、自身の行動に落とし込み、日々実践することが求められていることだ。「クレド」はより具体的であり、実践的である。

「クレド」を最初に導入した会社は米国のジョンソン・アンド・ジョンソンといわれている。シスココンサルティング株式会社「クレド」は大井社長が提唱し、社内で「クレド委員会」を設置して、社員一丸となって作りあげた。そこには社員のあるべき「行動指針」と経営者の「社員への約束」がわかりやすく、誰にでも納得のいく内容で書かれている。

「行動指針」では「さらに成長」（常に明るく前向きに仕事に取組み、プロフェッショナルとして自分とチームの成長を目指す）「お客様」（長期にわたって信頼される企業を目指す。さまざまな立場の方と良好なコミュニケーションを心がけて、お客様企業の成長に貢献する）「チームワーク」（チームでの成果を最優先し、自分が役に立てることに積極的に協力する）「パートナー」「チャレンジ」「責任感」「良き市民」という7つの条項が掲げられている。これを読むと、自ら考え、主体的に行動する人材、トップや上司にいわれて行動するのではなく、「クレド」に従い自律的に行動することを求めていることがわかる。

「クレド」には経営者の指針として「社員の成長を支援する」「社員が働きやすい環境、家族が安心できる環境を提供する」「仕事の成果を適正に評価し、昇給・昇進に結びつける」という3か条が記されている。そして2年に一度これが実践されていたかを問う社内アンケートが実施されるのである。経営者が「クレド」に即して評価されるのである。

「クレド」はそれをいかにして社員ひとりひとりに浸透させるかが大きな課題であるが、シスココンサルティング（株）では「クレドメール」という仕組みを設けている。

毎週1回、社員が持ち回りで「クレド」に則った活動や想いを「クレドメール」として全社員に配信、そして毎月の月例会で社員の投票によってクレドメールの「月間MVP」を決定している。さらに、半期毎に月間MVPの中から「最優秀クレドメール」を決定して、もっ

大きな円卓のある解放的でホテルのラウンジのような会議室

とも評価の高いクレドメールを配信した社員には、クレド活動が浸透しているザ・リッツカールトン東京のペア御食事券を贈呈している。

働きやすい環境 風とおしのよい社風

「クレド」の「社員への約束」に書かれていた「働きやすい環境」をこの会社は一生懸命実現しようとしている。

案内された大部屋は解放的でホテルのラウンジのようであった。大きな円卓で大井社長のインタビューをさせていただいたが、近くのテーブルでは今年入社したという明るい女性社員と

ワインセラーにはワインが収められ、勤務時間後、社員はワインをあじわいながら社員同士のコミュニケーションをはかる
部屋の片隅にはエレキギターが3本、ここでバンド演奏も行われる

先輩らしい方が、打ち合わせを行っていた。この部屋にはワインセラーが設置されており、勤務時間後、社員は自由に飲むことができる。ワインをあじわいながら社員同士のコミュニケーションが自然とはかれる仕掛けだ。部屋の片隅にはエレキギターが３本無造作に置かれていたが、ここでバンド演奏も行われるようだ。まことに自由な雰囲気がただよっている会社だ。

会社のイベントが頻繁に行われているのも特徴だ。地引網、屋形船、ボーリング大会、忘年会、海外旅行などリフレッシュ系からプレゼン大会、研修合宿など教育制度の一環もある。こうしたイベントはおそらく若手社員のちょっとした提案で、すぐに実現したのではなかろうか。この会社には社員ひとりひとりの提案がすぐに上に伝わり結果がでるという社風がいきづいているようだ。チームワークを重視し、一緒に働いてくれるパートナーへの気配りも大切にしていることがこうしたイベントの多さを生んでいると感じた。

シスコンサルティングの最大の強みは実績と信用

ここであらためてこの会社の強みをみてみよう。設立以来約20年間におよぶERPの実績と信用が最大の強みである。加えてERPコンサルティングサービスは高い付加価値をもつビジネスであることも大きい。言い換えれば利益率の高い、高生産性のビジネスにたずさわっていることだ。さらに外資系のベンダーとパートナーを組んで仕事をすることが多いのが、このビジネスの付加価値を高めている。単なる下請け、孫請けで利益の少ない仕事を請け負うことがないため、事業としては安定的に収益が確保できる強みがあるという。直接エンドユーザーとプロジェクトを遂行する機会が多いのも特徴であり強みかもしれない。特に顧客から得られるさまざまな情報や知識の集積は会社の貴重な財産となり、かつまた社員の成長に大きく寄与している。顧客が日本の優良企業や大手企業が多いことも強みの一つだろう。

さらにいうと会社の姿勢、社員の質が高いことも強さといえよう。顧客からの評判で多く聞かれるのは「良い社員さんが多いね」という声だという。コンサルティングは究極、たずさわる人の力に依存する仕事だ。最大の強みはこの会社の社員ひとりひとりのもつ「人間力」であり、それを育てている会社の姿勢かもしれない。

社員の高い定着率の実現は、社員を大切にゆっくり育てることから

ＩＴ企業は社員の定着率が低いといわれているが、シスココンサルティング（株）では直近5年間、新卒で入社した社員は一人も退職していないという。離職が多いのはどこか会社にヒズミがあるのが原因。そのヒズミを是正し「クレド」に則り働きやすい環境を会社が創り出してきたからこそ高い定着率を実現しているといえよう。

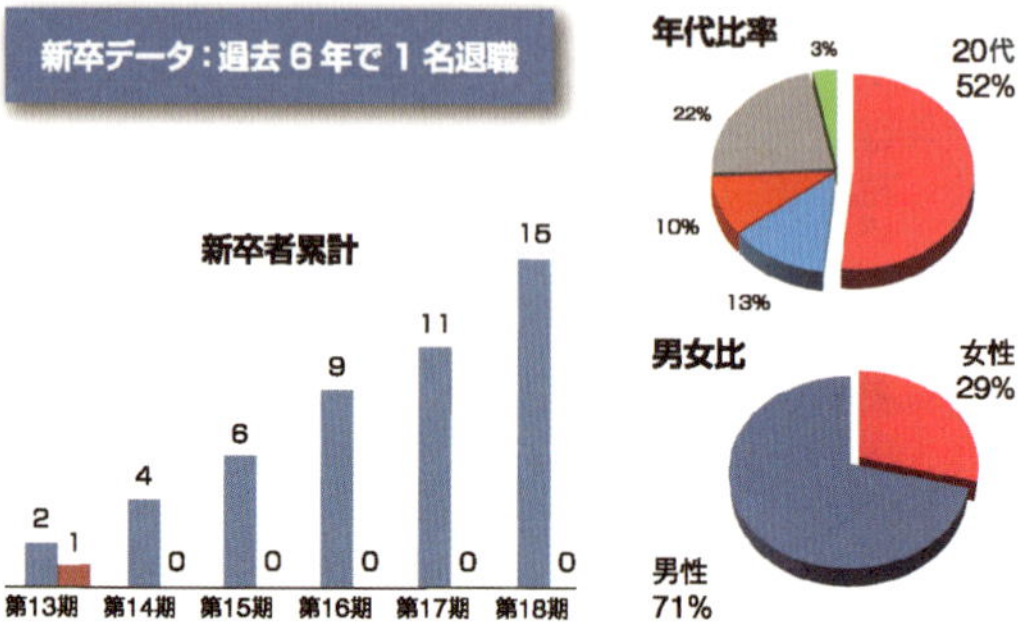

新卒データ：過去６年間で１名退職。直近５年間、新卒で入社した社員は一人も退職していない

また社員の教育に多大な力を注いでいることも重要な点である。

「クレド」では社員はたえず成長を目指し、会社はそれを支援しなければならない。目指すゴールは「自ら考え、主体的に行動する自立した人間」。それに向かって、じっくり、あせらず育てていくのがこの会社の教育のスタンスだと思えた。年４回の勉強会、プレゼン大会、若手を中心とする合宿研修など、さまざまな教育機会が設けられている。

しかしそれ以上に社員が成長する機会となっているのは、先輩や仲間、そしてさまざまな顧客の方々から教えられる「人からの学び」だ。わからないことがあれば誰かに聞けばすぐ教えてくれる、そんな風土が社員を成長させてくれる。

顧客からは該当する業務の詳細な知識を吸収させてくれる。仕事をすることで学習でき成長できるのがコンサルティングの魅力である。「簿記の資格を取得した社員に対し、褒賞金を出しました」と大井社長は語った。簿記の知識は経理・会計部門の業務理解に資するからだ。社員の成長努力に会社はきちんと応えている。

求める人材は「明るく元気な人」。そして将来の目標

大井社長に求める人材像をお尋ねしたら即座に「明るく元気な人」と答えられた。言い換えれば「コミュニケーション力があり、お客様から可愛がられるような人」。顧客の懐に入ってその業務を理解し、顧客の立場になって、業務の改善・効率化を目指し、システムを開発する仕事では、まずなによりお客様に可愛がられ、信頼されねばならないだろう。そんな仕事をになうためには「明るく元気」が大切になってくるようだ。

仕事がらコンサルティングの多くは文系出身者だが、システム開発などは理系出身者が多い。女性の活躍の場も多く、現在男女比率は男：女が約7：3とのことだった。さらに出

産時休暇、育児休暇をとった女性社員も存在し、将来は在宅勤務やフレックス勤務なども考えているという。

副業を認める企業もあらわれてきたが、大井社長はユニークな「副業」の話をされた。それは社内で社員が余暇に撮った写真の展覧会を実施、優秀な作品に賞金を授与するというもの。これも立派な「副業」の一つでは、と話されていた。

将来について、数字としては「5年後、従業員数120名（正社員60名）、売上高10億円」を目標に掲げる。この数字はコンサル業では相当高いハードルだ。

事業展開としては、新しいIT技術に対応した、新しいサービス、ソリューションを作り出していくこと。AI、IoT、ロボット、あるいはフィンテック、仮想通貨など、技術は進化し、社会のありようは激しく変化していくが、そこにこそ大きなビジネスのチャンスがあるとみている。

大学で教鞭をとったり、NPO活動にかかわったりと、大井社長の幅広いネットワークと活動は、私には、社員に「会社だけに閉じこもらず、広い世界とつながってほしい」と語っているように思えた。

クレド（行動指針）

■さらに成長：常に明るく前向きに仕事に取組み、プロフェッショナルとして自分とチームの成長を目指す

■お客様：長期にわたって信頼される企業を目指す

■様々な立場の方と良好なコミュニケーションを心がけて、お客様企業の成長に貢献する

■プロジェクトの目的·背景·状況を理解し、本質を見失わずに仕事に取組む

■チームワーク：チームでの成果を最優先し、自分が役に立てることに積極的に協力する

■パートナー（企業·個人）：チームの仲間として尊重し、共に成長する

■チャレンジ：グローバル事業を初めとして、新しいことにチャレンジする

■責任感：一人ひとりが会社を代表して責任ある行動を取る

■良き市民：良き市民として人に優しい行動（誠意·親切·気配り）をとる

社員への約束

■成長：社員の成長を支援する（研修、勉強会、プロジェクトアサイン、キャリア計画等）

■環境：社員が働きやすい環境、家族が安心できる環境を提供する（オフィス、プロジェクト、相談相手、人事制度、情報共有、イベント等）

■評価：仕事の成果を適正に評価し、昇給·昇進に結びつける

Sisco Consulting

自社開発ソフトウェア「WEBCAS」で顧客企業のEC売上アップに貢献

株式会社エイジア

会社名	株式会社エイジア
設立	1995年4月
本社	東京都品川区西五反田7-20-9 KDX西五反田ビル4階
資本金	3億2242万円
従業員数	80名
代表取締役社長	美濃　和男
事業内容	自社開発によるマーケティングプラットフォーム「WEBCAS」の開発・販売／ウェブサイトおよび企業業務システムのオーダーメイド開発／マーケティングコンサルティング、ウェブコンテンツの企画・制作など
上場	東証一部

TEL: 03-6672-6788
FAX: 03-6672-6805
https://www.azia.jp/

株式会社エイジア　代表取締役社長　美濃　和男氏

WEBCAS®

主力製品WEBCASのロゴとメインキャラクターの「その想い届け隊」

自社開発のソフトウェア「WEBCAS」で企業のマーケティングを支援

株式会社エイジアは、インターネットを活用したマーケティングシステムを、企業・団体に提供している会社だ。企業の売り上げ向上や顧客満足度の向上を支援するソフトウェアを企画・開発・販売している。主力製品は「WEBCAS（ウェブキャス）」というソフトウェア。同社が自社開発したもので、導入する企業はメールやLINEなどを通じて顧客とコミュニケーションをとることが可能。企業のマーケティング活動には欠かせないものとなっており、同社の顧客には大手企業が名を連ねる。企業のマーケティングを担っている人にとっては、日々の営業に欠かせないツールで、認知度も極めて高いという。主力製品ＷＥＢＣＡＳの普及とともに成長を続け、２０１７年12月には東証一部に上場を果たした。まずは同社の事業内容と、主力製品のＷＥＢＣＡＳについて紹介したい。

顧客企業とお客様のコミュニケーションツールを幅広く展開

同社の主力製品ＷＥＢＣＡＳは、顧客企業とそのお客様をつなぐサービスが中心。ＷＥＢＣＡＳを導入した企業はインターネットやメールを介して、その企業のお客様とコミュニケーションをとることができる。

ＷＥＢＣＡＳの機能は、大きく分けて主に４種類。①メッセージを届ける、②会員登録の仕組みをつくる、③声を集める。理解する、④問い合わせに対応する、である。

まず、メイン機能の①の「メッセージを届ける」について紹介しよう。

インターネットで買い物をした後に、「こちらの商品もおすすめです!」などと、自分の

WEBCAS ラインナップ

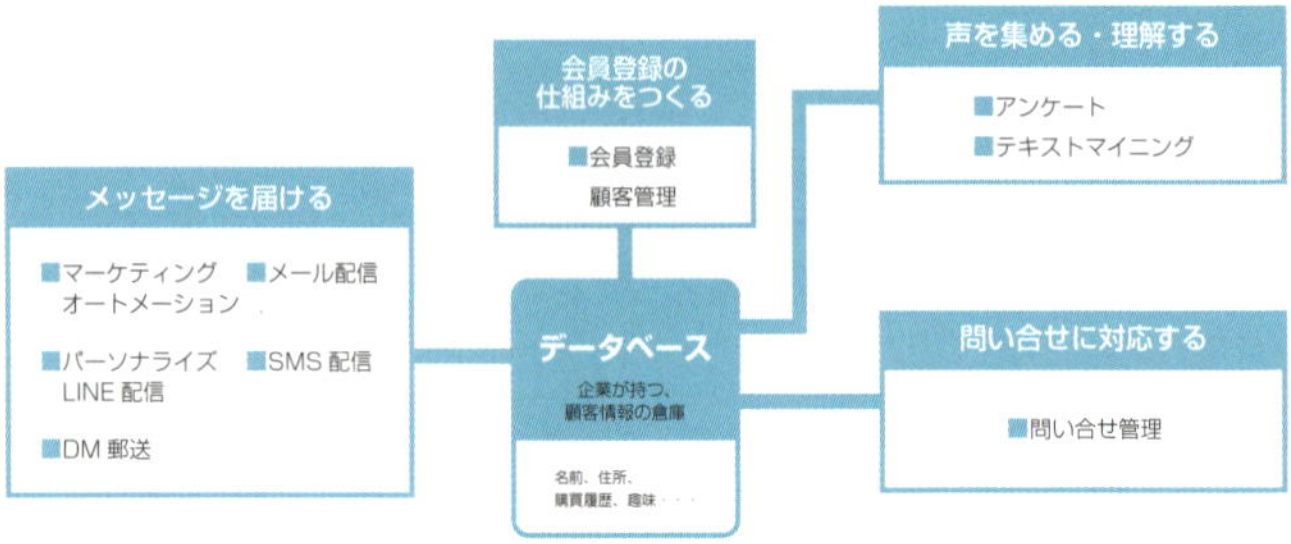

WEBCASの機能は大きく分けて４種類、①メッセージを届ける、②会員登録の仕組みをつくる、③声を集める。理解する、④問い合わせに対応する、である

嗜好にぴったりの商品の案内メールが届いた経験はないだろうか。このようなシーンで使われるのが、WEBCASのサービスである。「この商品を買った人はきっと、こちらの商品も好きだからオススメしよう」「そろそろ購入いただいた商品を使い切る頃だろうから、リピート購入を促進するメールを送ろう」といったことを自動で判断し、それぞれのお客様に最適な案内を、最適なタイミングで送ることができるのだ。これが、メッセージを届けるサービス。

WEBCASは、こうしたメール送信パッケージの市場において高いシェアを誇る。その理由は、圧倒的な技術力にあるという。WEBCASは、毎時300万通以上の高速配信が可能な配信システム。また、大量に一斉配信することができるのはもちろん、お客様の属性や嗜好、購買履歴などのデータを活用してそれぞれのお客様にぴったりのメールを送ることができる点も高く評価されている。導入企業は4000社以上。ECの運営企業からメーカー、化粧品メーカー、保険会社、官公庁などさまざまな企業・団体の支援を行っていて、顧客リストをCSVファイルの形でインポートして配信ができるプランから、複数のデータベースとの連携をはかって、より、それぞれのお客様に即したメッセージを送れるようなプランまで幅広く用意している。

同社の美濃社長は次のように語る。

「マーケティングは今、多数の人々に向けて情報を発信する『マス広告』の時代から、顧客ひとりひとりに対して最適なコミュニケーションを行う『One to One』の時代へと変化をしています。そうした時代の流れに即して、WEBCASは多くの企業様にご支持いただいています」

続いて②の「会員登録の仕組みをつくる」について。これは新たにメールマーケティングを始めたい、顧客のデータを集約して管理したい、アンケートを実施したいと考える企業に向けて、メルマガの登録フォームの設置からメール配信、アンケートの実施までを一貫したサービスで提供するもの。

そして③の「声を集める。理解する」は、携帯・PC両方に対応したアンケート、メールフォームの作成・管理システム。リアルタイムに集計ができるほか、安全なデータベースに結果が蓄積され、今後の業務に活かすことができるというものだ。

そして④の「問い合わせに対応する」は、窓口に届くメールや問い合わせをサーバー上で一元管理できるというもの。複数人でメールを管理できるため、迅速な対応ができるほか、二重対応や対応漏れを防ぐことが可能になるシステムだ。

このように顧客企業とそのお客様がコミュニケーションをはかるためのシステムを、幅広く展開している同社。顧客企業の売上アップ、業務効率化、顧客満足度の向上に大きく寄与している。

時代の流れに即した高収益サービスを提供し圧倒的な財務力を誇る

同社の強みはなんといっても、自社開発した高性能なメール送信パッケージ・WEBC

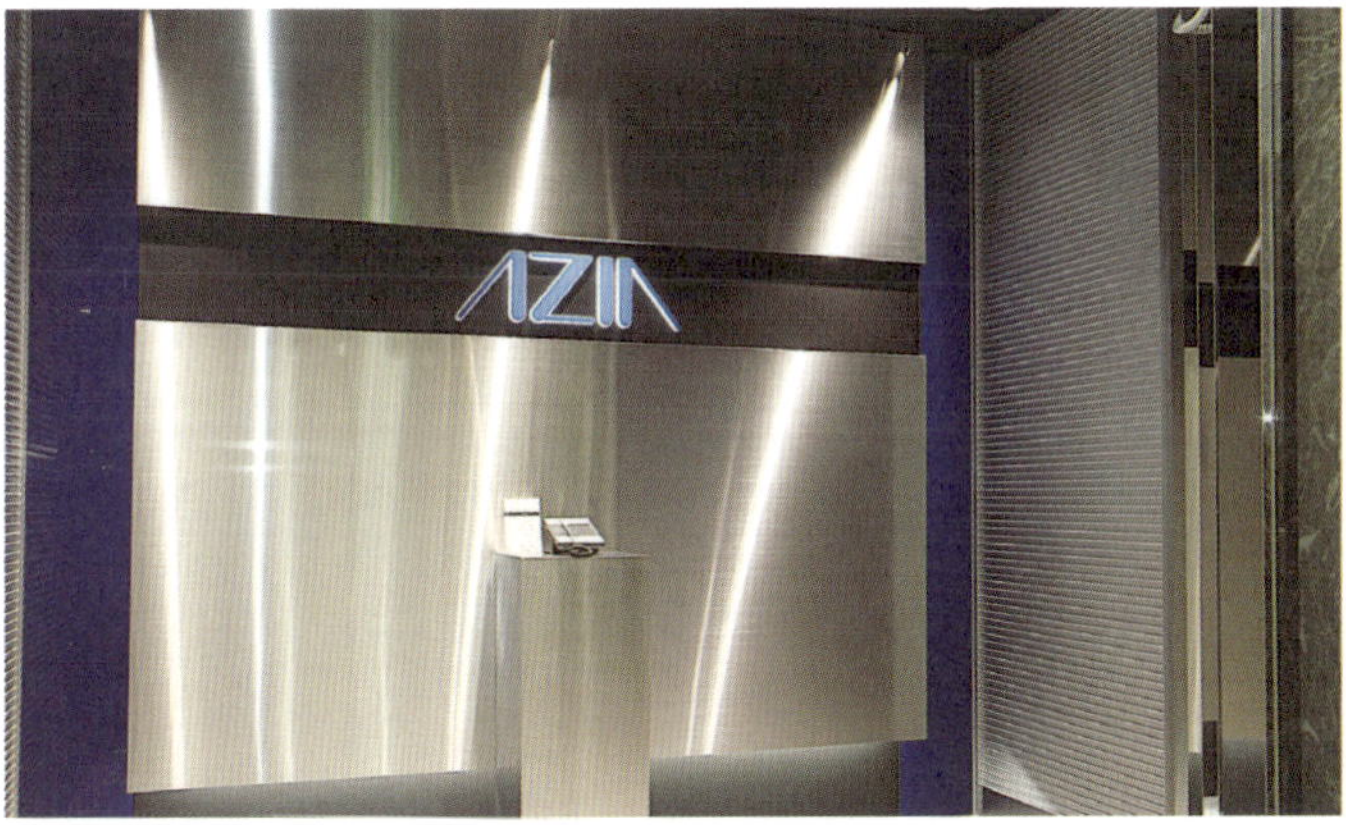

メタリック調で重厚感のある先進的なデザインの社内受付

ASを提供していることだが、ソフトウェア開発業界の中でも、同社の利益率が高いと称される理由は、WEBCASが汎用型のソフトであることだ。ソフトウェア開発業界は大きく2つにわけられる。1つは顧客のニーズにあったソフトを、注文に応じてひとつひとつオーダーメイドでつくる「受託開発型」。一方、WEBCASのように、汎用型のソフトをあらかじめ開発し、同じものをコピーして販売する形態は「自社製品型」と言われる。こうした自社製品型のソフトウェアは、1度の開発資金で、同じソフトウェアを大量に納品することが可能。そのため非常に利益率が高いのだ。

　そしてもうひとつの強みは、世の中のEC化が加速していること。日本のEC市場規模は現在約15兆円。そしてその額は年々、増え続けている。今やメーカーも「つくって終わり」ではなく、自社でECサイトをつくり直販を行う時代。それに伴い、今まででは発生し得なかった企業とお客様のやりとりが新たに発生することになり、WEBCASの必要性が高まっているのだ。

時代の流れに即した事業サービスを展開する同社の成長性・収益性・安全性はとても高く、東洋経済新報社の『新・企業力ランキング2018』でも高評されている。これは、2017年9月1日時点で上場している一般事業会社3431社を対象に、3年分の決算数値をもとに相対評価がなされたもの。AAA、AA、A、B、Cの5段階評価となっているが、同社は成長性・収益性・安全性において「AAA」を獲得。3部門で「AAA」を獲得している企業は多くなく、同社の競合他社や、野球球団を所有する大手IT企業も、「AAA」の数は2部門にとどまっている。これからも時代の流れに沿って飛躍的な成長を続けるであろうことが、第三者からも評価されているのだ。

エイジアとともに成長する「人間力」あふれる人材を募集

止まらぬ成長を続ける同社では、2013年から毎年新卒採用を行っている。これからの同社を一緒に盛り上げていく人材を募集中だ。2018年の採用職種は全部で3種類。営業部門のコンサルティング営業職、技術部門の技術コンサルティング職、アプリケーション開発職だ。

いずれの職種もWEBCASに関わるもの。募集人材は一見、ITに関する深い知識やマーケティングに関連した数字意識の強い人に限られるように見える。しかし、同社の美濃社長は次のように語る。

「弊社では採用の際に、文系・理系は問いません。また弊社は『人には必ずひとりひとつは強みがある』という考え方を持っています。就職活動を進めていくにしたがって『自分にはコレといった特技・長所がない』と悩んでいる学生も、ぜひ安心していただきたいです。エイジアは、ひとりひとりが秘めている力・能力を最大限に引き出しますから」

実際、同社に新卒社員として入社した社員からは次のような言葉が聞けた。

「学生時代、他人とうまく話せないことに悩んでいました。しかし今、エイジアでは希望した営業職に配属されていて、顧客企業の方から丁寧な対応を褒めていただけることが多いです」

「大学の専攻は文系だったのですが、成長を続けるIT業界への就職を希望していました。ITや理数系の知識が乏しく不安だったのですが、現在は技術コンサルタントとして顧客企業のサポートができています。入社後1年でプロジェクトの主担当を任せていただけることもありました」

では一体どのように新しく入社する社員のサポートを行い、育成しているのか。人事担当者から、同社の充実した研修内容についてうかがうことができた。

入社後には営業部門は1カ月半、技術部門は2カ月半の時間をかけて、外部研修機関での研修を受けるという。社会人に求められるビジネススキルや情報通信技術の基礎を学ぶほか、配属される職種別の研修も行われる。外部機関で行われるものの、毎週1回エイジアのオフィスに出社する。教育担当者との面談を行うことで、研修中の不安をすぐに解消できる仕組みを整えているという。

充実した研修体制を行い、採用学生のサポートを行っていくという同社。毎年、新卒採用する学生の人数は5～7人。大量採用を行わず、「きちんと育成できる人数」に絞っているという。入社日から1年以内に退職した人が、これまでにひとりもいないということからも、同社の丁寧で学生に寄り添った研修体制が伝わるだろう。

それでは学生のどのような部分を見て、判断をしているのか――。それは学生の「人間力」だという。人（お客様）の役に立ちたいという意識を強く持ち、さまざまなことを吸収して学んでいく素直な心を持っている人材を複数回の面接を経て採用している。学歴や専攻にとらわれず、未来の可能性を信じて「人間力」の備わった学生を採用しているそうだ。

同業種他企業と比較し圧倒的に少ない残業時間で女性も活躍する職場

そんな同社で目立つのは女性の姿だ。ＩＴ業界は男性の比率が圧倒的に高い業界と言われており、女性の比率は平均25～30％。しかし同社の女性比率は35％と高めである。これは産休・育休を取得した社員が多く復職しているからだという。同社には、子育てをしな

女性が活躍する会社

社員男女比率

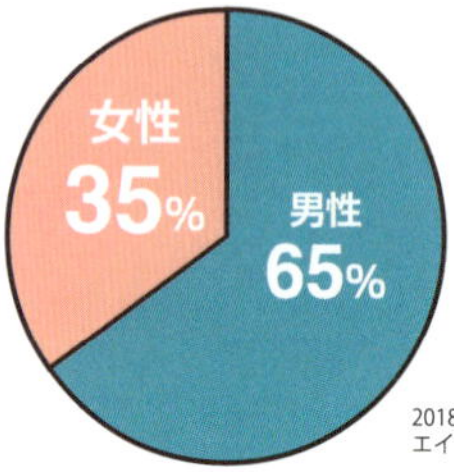

IT業界は、
男性の比率が高い業界。
女性の比率は、平均25〜30%

当社は平均よりも女性の割合が高く、
女性が活躍する機会が多い会社といえます。

2018/3末時点
エイジア単体、 役員含まず

平均よりも社員に占める女性の割合が高い

がらでも働ける体制がしっかり整っていることがうかがえる。

また、残業を推奨せず、短い時間で最大の効果をあげる「生産性」を重要視している同社。残業時間は一人あたりの月平均で約14時間。これは、同業種の他企業と比べると半分程度の数字だという。こうしてメリハリをもって働けることが、子育て中の女性社員にも支持されているのだろう。

また同社では毎年、人件費の増加を行っている。これは、「日本の一人あたりGDPの向上に貢献したい」という社長の想いからで、従業員数・平均給与ともに、毎年増やし続けているという。利益を社員に還元する姿勢からも働きやすい職場環境がうかがえる。

残業が少ないメリハリのある会社

平均残業時間の推移（一人あたり月平均）

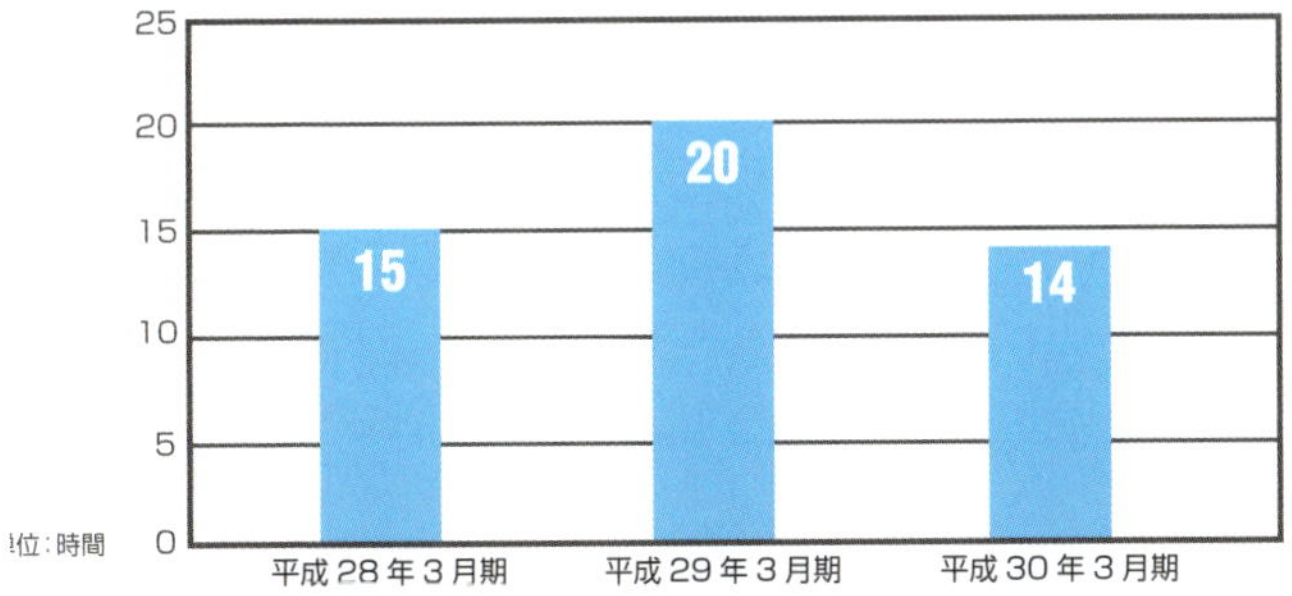

ワーク・ライフ・バランスのとれた働きやすい職場環境

最新テクノロジーを活用し顧客企業のサポートをさらに充実させていく

最後に美濃社長にうかがったのは、同社の今後の展望だ。

「これからも弊社のビジョン『メールアプリケーションのエイジア』から『eコマース売上アップソリューションを世界に提供するエイジア』へ向かって前進するのみです。世の中の技術革新はめまぐるしいスピードで進んでいます。eコマースもさらに普及し続けるでしょう。そうした世の中の流れの中で、弊社のシステムを購入してくださった顧客企業の皆様のさらなる売上アップに貢献し続けたいと考えています。たとえば、ＷＥＢＣＡＳと人工知能（ＡＩ）とを組み合わせた新たなマーケティング戦略も考えています。配信内容や配信タイミングに応じて、自動でメール／ＬＩＮＥ／ＳＭＳを使い分けるシステムができれば、さらに顧客企業のお役に立てると考えています」

時代の流れに即して顧客企業のサポートを続ける株式会社エイジア。成長を続ける同社から目が離せない。

	定義	内容
経営理念	その企業が企業活動において最優先する考え方	「クライアントに満足を買ってもらいたい」
ビジョン	その企業が描く将来のあるべき姿	「メールアプリケーションのエイジア」から「eコマース売上アップソリューションを世界に提供するエイジア」へ
ミッション	その企業が担うべき役割・使命、達成すべき状態	「私たちは、IT 技術とサービスで、人と企業の心の距離を縮めます」 人件費総額を増やしながら（人数⇧平均給与⇧）利益を増加させ、エイジアで働く人を始め、国民の豊かさの向上に貢献する

編著者
ジーアップキャリアセンター

人材の流動化や、雇用形態の多様化が進む中で、不本意ながら挑戦者を育てるのは難しい時代と言わざるを得ません。しかし、ひとつだけは断言できます。成功の反対は失敗ではありません、何もしないことです。なぜなら、失敗こそが成功への糧であり過程だからです。私どもジーアップキャリアセンターは、前へ進もうとする“企業”と成長欲求あふれる“人材”を支援するための会社です。
http://www.g-up.co.jp/

ブレインワークス

創業以来、リスクマネジメント、情報セキュリティ、情報共有化などのサービスを軸に、数多くの国内企業や、海外進出企業に幅広い支援事業を展開している。実績も豊富で、最近では特にアジアに進出する日本企業向けサービスを強化している。

また、情報セキュリティ関連のセミナーも多数開催。「人・組織・IT」の再構築で自立型企業への変革をサポートする。

著書には『セキュリティ商品100選』『セキュリティ対策は乾布摩擦だ!』『セキュリティ・リテラシー』『リスク察知力』『ISO27001でひもとく情報セキュリティマネジメントシステム』など多数。

http://www.bwg.co.jp

戦略成長企業
経営ビジョン戦略・人材採用・育成戦略　2019年版

2018年9月20日〔初版第1刷発行〕

編　　著　ジーアップキャリアセンター・ブレインワークス
発 行 者　佐々木　紀行
発 行 所　株式会社カナリアコミュニケーションズ
〒141-0031 東京都品川区西五反田 6-2-7 ウエストサイド五反田ビル3F
TEL.03-5436-9701　FAX.03-3491-9699
http://www.canaria-book.com
印 刷 所　本郷印刷株式会社
編集協力　オフィスふたつぎ　二木由利子
執筆協力　オフィスふたつぎ　小坂文人・庄康太郎・宮原拓也・
小野結理・平野ゆかり
校　　正　庄康太郎・前田直樹・新木悠吾
装丁/DTP　WHITELINE GRAPHICS CO.

ISBN978-4-7782-0442-6 C0034

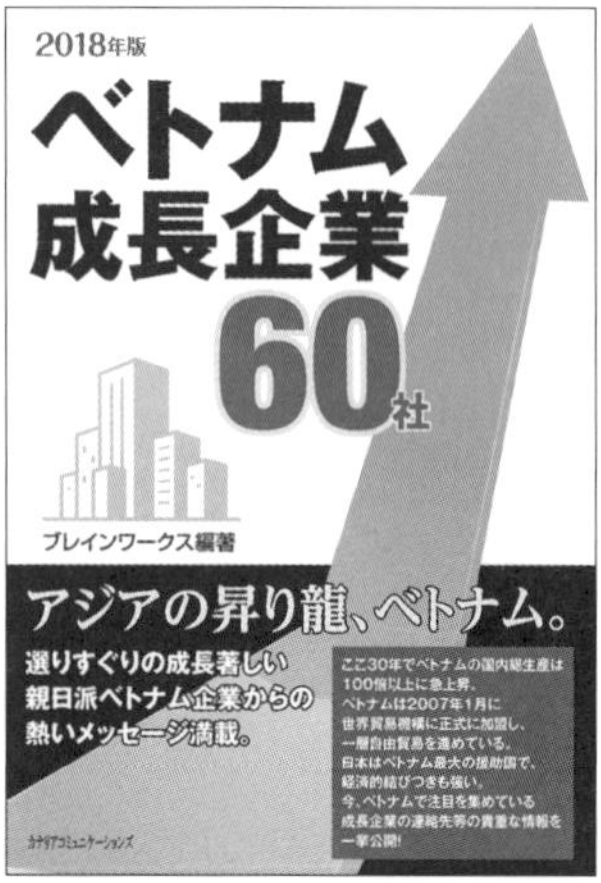

ベトナム成長企業 60 社
2018 年版
ブレインワークス 編著

アジアの昇り竜、ベトナム。
選りすぐりの成長著しい親日派ベトナム企業からの熱いメッセージ満載。

ここ 30 年でベトナムの国内総生産は 100 倍以上に急上昇。
世界貿易機構に正式に加盟し、一層自由貿易を進めている。
日本はベトナム最大の援助国で、
経済的結びつきも強い。
今、ベトナムで注目を集めている成長企業の連絡先等の貴重な情報を一挙公開!

2018 年 2 月 26 日発刊
定価 1800 円（税別）
ISBN978-4-7782-0424-2

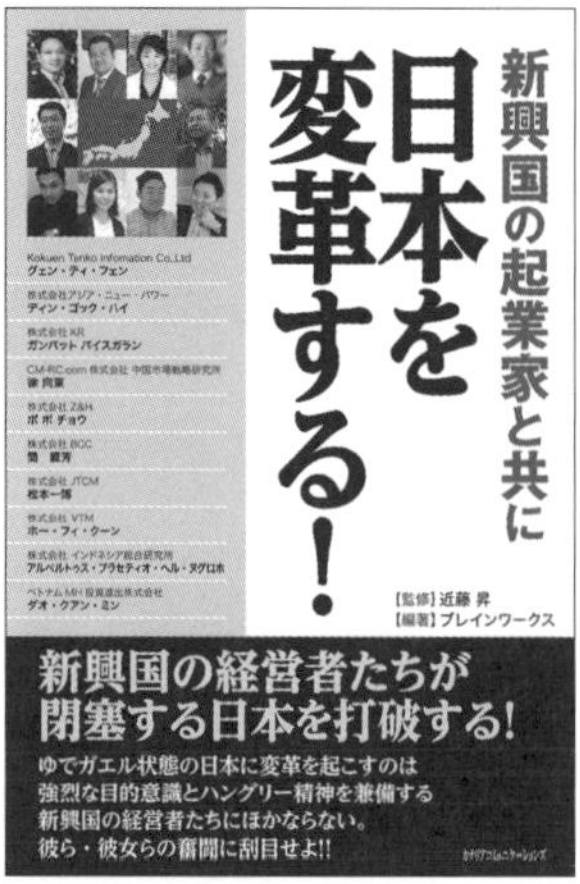

新興国の起業家と共に
日本を変革する!
近藤 昇 監修
ブレインワークス 編著

商売の原点は新興国にあり!
新興国の起業家と共に
日本の未来を拓け!!

新興国の経営者たちが閉塞する日本を打破する!
ゆでがえる状態の日本に変革を起こすのは強烈な目的意識とハングリー精神を兼備する新興国の経営者たちにほかならない。彼ら・彼女らの奮闘に刮目せよ!!

2018 年 3 月 26 日発刊
定価 1400 円（税別）
ISBN978-4-7782-0417-4

カナリアコミュニケーションズの書籍のご案内

2018年4月20日発刊
定価1400円（税別）
ISBN978-4-7782-0426-6

空海と現代脳力開発

加賀 博 著

人間らしく生きるとは、空海や釈迦の説く宇宙の原理原則に基づき、自然に生きることです。

動物は自然に生きています。動物や植物は、自らが持つ生命エネルギーを最大限に発揮して生きているのです。だから、自然は美しくみずみずしいのです。

自然に生きるためには、人間の持つ脳力を最大限に開発することです。

脳が活性化すれば、思いもよらぬ潜在能力のトビラが開き、
脳力は発揮され、人間らしい生き方、社会づくりへ導くのです。

2018年4月26日発刊
定価1600円（税別）
ISBN978-4-7782-0427-3

空海光曼荼羅

加賀 心海 著

なぜ、空海は自分の一生を真言密教にささげたのか。

空海は、生かす事、生きる事の大切さを説いたのです。曼荼羅とはわかりやすく理解すると「時間×空間×関係性」と表すことができます。

偉大な空海の一生・偉業はまさに宇宙的であり曼荼羅と言えます。

そこで「空海曼荼羅」として、絵画、俳画、詩画として描かせていただきました。

カナリアコミュニケーションズの書籍のご案内

2018年7月30日発刊
定価1300円（税別）
ISBN978-4-7782-0437-2

女性起業　はじめの一歩と続け方

ブレインワークス 編著

「女性の働き方改革」「人生100年時代」と言われ、女性に限らず雇用関係や、働き方の多様性の可能性が広がりつつあります。

特に顕著なのは、女性起業の活発さではないでしょうか?

起業は特別でしょうか?

どんなリスクがあるのでしょうか?

本書では、20代や様々な年代から起業を志した16名の女性起業家に立ち上げのきっかけや、続けていく秘訣など、そして輝きつづける極意などご紹介していただきました。

2017年4月20日発刊
定価1000円（税別）
ISBN978-4-7782-0379-5

日本と世界が注目する
戦略成長企業

ジーアップキャリアセンター・
ブレインワークス 編著

企業のトップから見る、見えてくる、
企業の本当の『カタチ』。
企業のトップである経営者の志向から確かめられる、経営理念の由来や、人材の抜擢・活用方法、将来的な『戦略』、『成長』する理由——